時事通信社

新任教師の学級づくり 35のヒケツ

監修　河原田 友之（東京教育研究所）

はじめに

　これまで、大学で学んだり、本で読んだり、先輩からの話を聞いたり、教育実習で学んできたりしたとしても、いざ教師になって学校の現場に出ると、分からないことだらけだと思います。「学級の子供たちをどう動かせばいいんだろう？」「子供にやる気を出させるにはどうしたら？」「保護者とはどう向き合ったらいいんだろう？」……と。
　本書はそんな悩みを抱えつつ、これから教師になる方、あるいはなったばかりの新任教師の方、日々の実践に取り組んでいる若手教師の方へ「学級づくり」のヒント、ヒケツをまとめたものです。この「35のヒケツ」には、先輩教師の成功例や失敗例がたくさん詰まっています。先輩教師からみなさんへのメッセージとして受け止め、役立てていただけると嬉しいです。

　私も憧れの教師としてのスタートを切った、今から４０年前頃のことを懐かしく思い出します。毎日が楽しいことだけならいいのに、そうはいきませんでした。何をしていいか分からず、先輩の先生に言われるままに動いていました。そして、放課後にはどっと疲れが出る。
　子供のためにあれもしよう、これもしようと考えているうちに、数日があっという間に過ぎていく。教師の話も聞かない、自分の考えも言わない、そんな子どもたちの態度にイライラすることもありました。
　うまくできない授業に、「子供が悪い」と子供のせいにして、つらくあたってしまったこともあります。こうなると、子供たちとの信頼関係は崩れていきます。

どこに問題があるのか自分では分からなくなり、最後は「私は教師に向いていない」「辞めたい」と悩む日々も……。朝、出掛けに鏡の前で無理をして笑顔をつくってみます。ひきつった顔を笑顔に戻して学校に向かいます。辛くても、子供たちの顔を見るとまた元気になる自分がいます。こうして悩みながら教師を続けてきました。
　誰にでも最初があるのです。しかも、教師の場合、最初に待っているのが子供たちとの学級づくりです。

　AIやロボットが人間の代わりをする時代は間もなくやってきます。しかし、教師はこれに代わることはできないと言われています。「教育は人なり」というように、子供は人との関わりの中でしか育たないからです。
　教師として活躍するみなさんに願うことがあります。ちょっとだけ、学びの根本に、人を好きなり、どんどん関わっていくことが大切という意味を据えてほしいのです。テストの点数を上げるだけなら、学校という組織は必要とされません。やはり、「教育は人なり」です。教師による学級づくりが大切なのです。

　最後になりますが、出版にあたって、共に学んできた仲間の教師たちに感謝いたします。
　そして、この出版のために奔走してくださった時事通信出版局の荒井篤子さんや携わってくださったみなさんには感謝しきれません。本当はうまくのせられ、励まされました。感謝です。

東京教育研究所　主任研究員

河原田　友之

わかば先生サポートBOOKS
新任教師の学級づくり35のヒケツ

第1章　はじめの一歩ですべてが決まる！
始業式までの準備編

1　「学級開き」は何をするもの？ …………………8
2　学級のルールはどうつくる？ …………………12
3　学級通信はなぜ必要？ …………………16
4　どの子も安心できる教室環境は？ …………………20
5　心地よく学べる座席の決め方は？ …………………24
コラム：子供全員の名前を覚えよう！ …………………28

第2章　いよいよ学級担任としてスタート！
学級づくり実践編

6　班づくりはどう決める？ …………………30
7　日直、掃除当番は何のため？ …………………34
8　係活動はどう進めたらいい？ …………………38

⑨ 子供がやる気になる給食指導は？ ……………42
⑩ 朝の会・帰りの会を楽しくするには？ ……………46
⑪ いじめを許さない学級づくりは？ ……………50
⑫ キレる子供にどう接する？ ……………54
⑬ 保護者とどう向き合えばいい？ ……………58
⑭ 保護者会を成功させるには？ ……………62
⑮ 思いのこもった通知表の書き方は？ ……………66
コラム：個人情報の取り扱いに注意！ ……………70

第3章 新任、でもプロの教師！
教師力スキルアップ編

⑯ やる気が出ないときの対処法は？ ……………72
⑰ 教師がジャージで過ごしてはいけない理由は？ ……………76
⑱ 教師は職人？ ……………80
⑲ 授業で子供の心をつかむには？ ……………84
⑳ 子供の声を聴いている？ ……………88

㉑	あなたは子供が好きですか？	92
㉒	自信をもって、でも謙虚に実践するには？	96
㉓	子供に達成感を味わわせてる？	100
㉔	子供の生活習慣を大事にしてる？	104
㉕	授業改善の基本は何？	108
㉖	子供の前で失敗したらどうする？	112
㉗	思い通りに子供が動かないときは？	116
㉘	子供の好奇心を大事にしてる？	120
㉙	子供の家庭の状況を熟知してる？	124
㉚	子供の疑問や発想を大切にしてる？	128
㉛	自分の指導力に自信がある？	132
㉜	指導教員は初任者に何を期待してる？	136
㉝	初めての勤務校を学ぶ場にするには？	140
㉞	職員室では情報交換をしてる？	144
㉟	「チーム学校」で取り組むには？	148

コラム：ホウレンソウは職場の基本のキ ……………152

巻末：「学級づくり」に役立つチェックシート ……………153

はじめの一歩ですべてが決まる！

始業式までの準備編

第 1 章

「学級開き」は何をするもの？

子供たちとの大切な1年の出会いの日

□子供たちの気持ちを想像してみよう。
□巻末のチェックシートで確認しよう。
□声に出して、シミュレーションをしてみよう。

● そもそも「学級開き」とは？

「学級開き」……言うまでもなく、これから1年間担任する子供たちとの出会いを指します。子供たちだけでなく、教師たちも「また1年間頑張っていこう」と気持ちを新たにします。きれいに整頓された教室を見わたして「今年はどんな学級にしていこうか」と悩みながらもうれしいような、何ともこそばゆい気持ちになる時期です。

そんな中での「学級開き」には、教師にとっても子供たちにとっても、計り知れないほどの「価値」があります。顔合わせだけで終わるのでは、学級開きとは言えません。「これからの1年間をどんな学級にしていくか」について、子供たちと一緒に考える大切な時間です。ゆっくりとこれから1年かけて育てなくてはならないものはたくさんありますが、学習や生活上のルールについては、この「学級開き」が今後大きく影響を及ぼすと言ってよいでしょう。

● 先生方の工夫と私の初めての「学級開き」

「学級開き」とは、具体的には入学式もしくは始業式までの教室の準備や、式当日の教師と子供たちとの最初の出会いを意味しています。子供たちが登校する日までに、教室の掲示物などを準備し、新学期を迎えている立派な若い先生たちがたくさんいます。

私にも初めて教師として迎えた「学級開き」があります。初めての出会いは今でも脳裏にしっかり焼きついています。読者のあなたにも、こ

れからたった１回だけの最初の「学級開き」があることでしょう。その日を子供たちと素敵に迎えるために、覚えておいてほしいことがあります。それは、子供たちの次のような「心の動き」です。

> 始業式。校長先生の話など子供たちは聞いていない。ただ早く担任が誰なのかを知りたいと思っている。Ｉ君は始業式のこの朝、仏壇に向かって「どうか、今年はＫ先生になりませんように」と祈った。Ｆさんは、校長先生が担任は私だといった瞬間「地獄じゃ」と叫んだ。じっと校長先生の顔を見てざわめきだけが響く。歓声が上がる。ため息が漏れる。これが担任発表。そして、教室へ移動となる。

　校長先生のお話が終わり、こうして、子供たちはわくわく・どきどきしながら教室に入ってきます。ここで先生方のさまざまな工夫が「威力」を発揮します。Ａ先生は、黒板全体に「教室は間違うところだ」の詩を書いて迎えました。Ｂ先生の教室には、花で作ったアーチが扉につけてあります。Ｃ先生は、学級通信の第１号を机の上に置きました。Ｄ先生は、黒板に自己紹介を書いておきました。

　そう、初めて向き合う子供に自分のどんなものを見せるかによって、これからの１年間が決まるのです。何かしら引きつけるものを用意しておくことで、子供たちの気持ちは高ぶり、新たな担任、クラスへの好感を持つはずです。読者のあなたも、子供時代はそうだったのではないでしょうか。

　私も初めての「学級開き」の際、学年の先生たちをまねて、黒板に自己紹介とこんな学級をつくりたいとの思いを書いておきました。必死に覚えたクラス名簿を読み上げましたが、返事が小さい。何か必死に「いい学級をつくろう」と子供たちに呼びかけて終わったような気がします。これはこれで仕方ない、誰もが通る最初の道だと言い聞かせたことを覚えています。

●「学級開き」成功の秘訣

　では「学級開き」を成功させるにはどうしたらよいのでしょうか。これは、「学級開き」を「水道とホース」に例えると分かりやすいでしょう。水道の蛇口をひねった途端、勢いよく水が四方八方に飛び散ったことはないでしょうか。

　もしそこにホースがついていたらどうでしょう。勢いは変わらないけど同じ方向に流れていき、水が飛び散ることはありません。何の準備もなく学級をスタートさせると、元気のよい子供たちは好き勝手に行動を始めてしまい、いずれそれが当たり前になってしまいます。一度勢いよく出てしまった子供たちを、同じ方向に戻すために四苦八苦することになるでしょう。

　「学級経営方針」（＝どんな学級をつくるか。どんな子供を育てるか）はホースです。いわば「担任と子供のルール」と言えます。しかしホースがあっても安心はできません。ホースの出口（子供たちの出口）を指で塞いで爆発させたり、穴が空いて水漏れさせたりすれば、その方向に水が流れないこともあります。水漏れした部分を修理するか、全く新しいホースに取り換えることを、余儀なくされることもあるかもしれません。「学級開き」はホースを水道につなげる１年間の中で大切な日なのです。

●「学級開き」＝学級づくりの第一歩

　具体的な秘訣としては右のような方法があります。「学級開き」は出会いの第一歩ですが、学級づくりの第一歩であることを肝に銘じてほしいと思います。「学級開き」によって今後の学校生活が決まるといってよいほどです。それは必ず保護者にも響きます。

　子供が学校へ生き生きと通う姿、学級のことを語る姿、学習のことを語る姿、子供の学校生活すべてにつながっていくのです。

「学級開き」成功の秘訣

❶ **黒板メッセージで想いを伝える**
　→信条、詩、歌詞、絵など

❷ **担任する子供の氏名を暗唱する**
　→「すごい」の声が上がります！

❸ **教師自身のプロフィールをクイズで紹介する**
　→先生は国語が好き？　ピアノが得意？　など

❹ **簡単にできるレクリエーションをする**
　→○○ジャンケンやお絵かきクイズなど

❺ **全員の机の上に文字を書いた紙を張っておく**
　→それらを読ませると、メッセージになっているなど

❻ **学級通信を配布する**
　→子供だけでなく、保護者へのメッセージにもなります

学級のルールはどうつくる？

1年間の学級での取り組みを示す大事なバロメーター

□学校教育目標、学年目標を具現化できる内容にしよう。
□具体的で到達可能な目標にしよう。
□子供の実態や保護者の願いを実現したものにしよう。

● なぜ「目標」が必要なのか？

　「学級開き」を終えたら、さあ、いよいよ本格的に学級がスタートします。これからの1年間には、日々の学習のほか、入学式、授業参観、保護者会、給食、清掃活動、校外学習、運動会、個人面談、学芸発表会、卒業式、陸上大会、水泳大会、球技大会など、たくさんの活動や行事があります。
教師になったばかりのあなたと子供たちにとっては、毎日が「学び」そのものでしょう。これらの活動や行事を経験した後は、子供たちから「やってよかった」「学習して面白かった」「分かった」などの声が聞こえるようにしたいものです。そのために必要なのが「目標」です。
　でも、先生の毎日は本当に忙しい。忙しさは思考する時間を奪います。すると、ただ単に物事をこなすという学校生活になりがちです。そんなとき、「目標なんて、立てても立てなくても、1年は同じように過ぎていくのでは？」という考えが、一瞬頭をよぎることもあるのです。
　しかし、目標を持たない組織などあるでしょうか。決してないはずです。教師と子供がともに伸びていくためにも、目標が必要なのです。ここで言う目標には大きく分けて3種類あります。夢のようにも思える「大きな目標」と、届くか届かないか微妙な「中くらいの目標」、そして、目の前にある「到達可能な目標」です。
　目標を持つと、自分の立ち位置がはっきりします。

●「学校教育目標」と「学年目標」「学級目標」の違い

　さて、学校の話に戻ります。どの学校にも「学校教育目標」があります。これは、地域や保護者や子供の実態から、校長先生が経営方針をもとに決めた「大きな目標」です。例えば、「明るい子、かしこい子、たくましい子」などと目指す子供像が表現されています。学習指導要領に基づく教育課程を編成する上で、この学校教育目標は大事なもので、子供たちを「こう育てていきたい」という願いが込められています。

　しかし、私の経験から言えば、学校教育目標は、4月の最初の職員会議で校長先生から出されるため、慌ただしい中で、現場の先生たちの頭には、なかなかスッキリ入らないというのが実情です。

　それでも、「学校教育目標」を受けて、各学年では「学年目標」を作ることになります。これも、どの学年にもあります。私が目にしたものには、こんな学年目標がありました。「4つの気〜勇気・元気・根気・やる気」や「和」。また、小学校の低学年では「仲良く・明るく・元気に」などが多く見られました。

　これらは、先に述べた「中くらいの目標」に当たります。皆さんも、数年前を振り返って思い出したでしょうか。

●「学級目標」の立て方

　さて、一番大事なのが、「学年目標」を受けて、学級担任であるあなたが作る「学級目標」です。この学級目標は、より具体的で、「到達可能な目標」でなければなりません。大きな目標である「学校教育目標」も、中くらいの目標である「学年目標」もお題目であってはならず、これを実現していくのが「学級目標」に求められる役割です。しかも、学級目標は、単純すぎても難しすぎても困ります。あなたの子供たちへの願いを具体化したものでもあるのですから。

　そこで、次の点に気を付けて「学級目標」を作ります。

「学級目標」をつくるポイント

❶ **学校教育目標を具現化できる内容で作る**
→かつて、「荒れる学校」が多かった時代には、「自分の気持ちを表せる子」などの目標がありました。

❷ **前学年までの学習の分析から作る**
→子供たちに対する前学年での評価で、「授業中ほとんど発言しない」ということが問題に挙がっていたとすれば、「1日1回は発言しよう」とか、「1時間に1回は手を挙げよう」という目標を立てる場合もあります。

❸ **生活状況を分析して作る**
→忘れ物が多いという子供たちの姿から「連絡帳をきちんと書くこと」とすることや、挨拶を通して豊かな人間関係を作るために「挨拶がきちんとできる子」などとすることがあります。

❹ **保護者の願いから作る**
→子供たちの学習を心配する保護者が多い学校では、「漢字テストで90点を取ろう」という学級目標もありました。「家庭学習を学年×20分」などの目標もよく見かけます。

このように、今年1年間で「子供たちに身に付けさせたい力」をはっきりさせ、学級目標を定めるのです。周りから見たら単純に見える目標でも、子供や保護者がその目標にした理由を聞いて、納得し、安心するような目標であるべきです。また、「清く、正しく、美しく」など、分かりやすいネーミングを付けることも大事です。

● 目標を達成すれば、教師も子供も笑顔になれる

　年度が終了する前の2月ごろになると、保護者や教師、子供、そして地域の人たちによる学校評価が行われます。「社会に開かれた学校」として当然のことですが、学校を見つめる地域や保護者の鋭い眼は、学校をよりよくする上でとても大切です。このとき、どんな学級目標を立て、活動してきたのかということは、地域や保護者にとって、教師が子供をどう育ててきたかを計る、大事なバロメーターになります。

　また、1年間のあなたの学級に対する取り組みに対する答えは、子供たちの口からも自然と出てきます。終業式を迎えたときに、子供たちに「また次の学年でも先生がいいな」と言われて気持ちよく終わるのか。逆に、陰で「来年は担任が変わるといいな…」とささやくのが聞こえて暗い気分で終わるのか。

　1つの小さな目標でも、やり遂げるには大きなエネルギーが必要で、大変な苦労を伴います。しかし、目標を達成した後には、子供たちに明るさと笑顔が生まれているはずです。さあ、あなただけの素敵な学級目標を立てましょう。1年後、「あ〜、この先生とこの学級で良かった」と終わるために。

学級通信はなぜ必要？

子供たちと保護者への心の架け橋に

□担任自身が楽しみながら発行しよう。
□発行頻度よりも継続性を大事にしよう。
□きちんとした文章が書ける教師になろう。

● 学級づくりの手段として活用

　初任時代の私は5年3組の担任、I先生は3年目で6年1組の担任。2人で学級通信の発行回数の勝負をしたことがあります。最終的にはI先生は245号まで発行しました。私はというと、243号でした。2人でよくこんなに出したものだと最後は讃え合ったことを思い出します。

　なぜ、学級通信をI先生と競ったのでしょうか。「誰にも負けない最高の学級をつくろう」を合言葉に始めたのです。学級経営の基本は、クラスのありのままの姿を子供たちと共有すること。I先生と私は、学級通信を学級づくりの手段として活用しようと考えたのです。

● 学級通信で取り上げたこと

　当時の学級通信では、学級づくりのために、次のようなことを載せました。

❶　授業での子供たちの反応や意見　→1時間のある1コマを切り取って載せました。

❷　子供たちに書かせている班ノートや生活ノートの内容　→ここには学級での子供たちの不満や悩みも載せましたが、子供たちが挙げた友達の良いところなども書きました。また、家庭での親子の会話なども載せました。

❸　保護者や兄妹からの「ひとこと」　→この欄をつくると、保護者などから毎日4～5通ほど「ひとこと」が届くようになりました。

❹　今起きている学級の問題　→隠さず載せました。
❺　私の失敗談　→折にふれて載せました。
❻　これからの学習や行事で用意するもの　→学校だよりや学年だよりにも載っているものですが、繰り返すことで忘れ物をなくすことにつながると考えました。

　こうしたことを毎号の学級通信に掲載したのですが、I先生とお互いに絶対に守ろうと決めたことがあります。それは、決して授業準備や教材研究をしなかったり、子供たちとの遊びをないがしろにしたりしてまで学級通信をつくらないということです。学級通信は、よく学び、よく遊ぶ中でつくらないといけないのです。

● 授業力が学級通信にあらわれる！

　発行回数でI先生を超えられなかった私ですが、内容面でもI先生の学級通信を超えることはできませんでした。なぜでしょうか。授業力の違いを、ことあるごとに見せつけられたのです。I先生の学級をのぞくと、どの子も楽しそうに目を輝かせて学んでいます。学級通信には、そうした輝く子供たちの発言や感想、行動（つまり子供たちそのもの）があふれることになるのです。帰り際に学級通信が配られると、子供たちは夢中になって読み、そうした子供たちの様子は、やがて保護者のもとへ届いていくことになります。私のクラスもそうですが、この学級通信は、親子を結ぶものになっていました。さらに、I先生の場合は、卓越した授業力が、生き生きしたネタを生み出していたのです。

● 学級通信の効果

　学級通信がもたらす効果を考えてみます。なぜ、学級通信を出すのでしょうか。小学校低学年の場合、読み手は子供よりも保護者の方が多いこともありますが、高学年からは子供自身にも届きます。保護者は、子供のがんばりや学級の様子を知ることで安心でき、学校への信頼を感じることができます。この安心感は子供たちとの絆を深めることにもなるのです。保護者にとっては、自分の子供の交友関係がうまくいっている

か、いじめがあるのではないかなど、心配になることがたくさんありますが、学級通信はこれを少しでも払拭する大事な役割をもっています。

　学級通信の発行は、教師自身にとっても大きなプラスになります。子供たちの活動を学級の記録として残すという観点から見た場合、子供たちを観察する目が一層養われたり、自身の学級経営について冷静な目で見ることで、見直したり、反省したりする機会を得られるからです。

● 適切な分量と内容

　学級通信は、教師が負担と感じるときには続きません。学級づくりの手立てですから、学級通信など出さなくても子供との関係や、保護者との連携がうまくとれるのであれば無理することはないのです。学級通信は担任自身が"楽しみながら発行"するものと思ってください。

　多くの学校で、学級通信の発行は担任の裁量に委ねられています。ただし、公文書としての性格も持っていますので、おのずと制約もあります。分量は内容との関係で、担任個々人で決められるかもしれませんが、年間を通してサイズと分量（Ａ４判で１枚など）を一定にしておいた方が、保護者の方など、もらった方の読みやすさやファイリングのしやすさからもよいでしょう。また、誤字脱字や事実の誤記載は、記事そのものの信頼性を失うことになるので、十分な注意が必要です。事前に管理職等に見てもらい、指導を受けましょう。

学級通信に載せたい内容

❶　活動内容に関すること
　→クラスの出来事、子供の様子、行事やイベントの楽しい報告、授業の様子など
❷　指導方針に関すること
　→学級目標、担任としての願いや思いなど
❸　子供たちの活躍に関すること
　→子供の作文や作品、ノート紹介など

❹　クラス内の役割の紹介に関すること
　　→係や委員会、部活動やクラブなど、仕事内容やメンバー紹介など
❺　連絡やお知らせに関すること
　　→持ち物や準備するものの連絡、これからの学習や行事予定、保護者へのお願いなど
❻　その他
　　→詩、ことわざ、クイズ、保護者からのメッセージなど

●トラブルを未然に防ぐには

　学級通信は子供と保護者と教師をつなぐ心の架け橋の役割を持っています。こうした意味からも、ちょっとした不注意からトラブルになることは避けなければなりません。こんなことに少しだけ注意しましょう。

学級通信発行の留意点

❶　どの子供も平等に採り上げること
❷　文章は簡潔、平易な表現で、専門用語は避けること。誤字脱字にも注意
❸　保護者への敬意と感謝の意を忘れないこと
❹　写真など個人が特定されるものについては、事前に保護者の承諾を（住所、電話番号などの個人情報は載せない）

　教材研究、生徒指導、さまざまな会議と連日遅くまでかかる中、学級通信に追われては教師の使命、「授業で勝負する」ことから逃げてしまうことになります。授業を通して子供たちと良い関係をつくり、その様子を保護者に知ってもらうことでさらに関係が深まる。だから学級通信に意味があるのです。発行する回数などにとらわれて「どうしてもやらなければならない」と考えないでください。ただ、教師にとって大事なことは文章をきちんと書けるということです。話すだけではなく、きちんとした文章が書ける教師となってほしいのです。

どの子も安心できる教室環境は？

子供の学習・生活を支える大切な環境整備

□掲示物の内容や張る場所にも工夫しよう。
□一人ひとりの子供の活動が分かるものにしよう。
□班活動の成果も取り入れよう。

● 教室環境は教師の個性

　駅やデパートなどでは、誰もがひと目で分かるような表示がなされています。健康な人だけでなく、障害がある人も外国の人たちにも分かるよう、街中で表示の工夫が進んできました。これは、安全で安心した生活を営むために大切なことです。

　学校はどうでしょうか。入学したての１年生が「保健室が分からない」「図書室が分からない」と、困っている姿を目にすることがあります。教室はどうでしょうか。子供にとって、分かりやすく使いやすい環境になっているでしょうか。

　各教室を回ってみると、教師の個性が教室環境に表れています。教室のあらゆる場所に掲示物が張ってあるクラス、何ヵ月も前の作品が色あせ、破れかけている掲示物のあるクラス、何ひとつない殺風景なクラス、きれいな一輪挿しの花のあるクラス、ゴミが散乱し、グチャグチャに机や椅子がなっているクラス、教師の資料が教卓に散乱しているクラス、きれいな文字の掲示物で整然としているクラス……。

　クラスの数だけ教室の環境は異なっています。家庭訪問のときに玄関や居間をきれいに整理整頓するように、教室がきれいになるのは、授業参観や保護者会など、見に来る人がいるときだけということが多いのも現実です。

● 教室環境づくりの基本

　子供たちが落ち着いて学習に取り組み、楽しい給食を囲むのもこの教室です。学級の中で子供たちが所属感を抱いて、生き生きと活動するためには、教室環境を整えることは極めて大切なことです。この環境づくりは、子供の情操教育にもつながっていくのです。

　新任の教師は、学年の先生方、指導教諭に指導を受けながら、教室環境づくりをしています。そして、経験を積んでいくと、少しずつ自分の個性が出せる教室に変化していくのです。最初からはなかなかうまくいきませんが、基本的にはどんなことに気をつければいいのでしょうか。

❶ 掲示物を張る場所を統一しよう

　至る所が掲示物でいっぱいになっている教室があります。何とも落ち着きません。特別な支援を要する子供にとっては、学習に集中できなくなってしまうことにもなりかねません。また、色覚に障害のある子供にとっては、カラフル過ぎて、何があるのかを理解できないこともあります。例えば、日課表や１日の時間配当などは、教室全面の左右どちらかに揃えると分かりやすくなります。

❷ 個人と学級の振り返りや宝物が歩みとして累積され、学級目標の達成に向けた取り組みが分かる環境に

　教室の正面には、学年目標や学級目標だけが示されていれば十分です。しかも、それらは評価できるものであることが条件です。低学年の学級目標に「元気な子・明るい子」というのがあります。確かに目標としていいのですが、これでは、できたかできないかを判断するのが主観的なものになってしまいます。例えば、「友だちを大切にする子　一生けんめいに取り組む子　考えを進んで発表する子」とした方が、評価しやすいのではないでしょうか。学級目標を掲げる場合には、子供の実態を見ながら少し時間をかけて、子供たちとつくり上げることが大切です。

❸ 子供の作品と、教師の温かい評価のあるものに

　学びの場としての教室です。必ずどこでも教室の後ろには、書写が張ってあります。これにも教師の考え方が反映しています。Ａ学級は子供の書いた作品をそのまま張っています。Ｂ学級では、先生の朱書きが入っています。Ｃ先生は、ビフォー・アフターとして左には子供が最初に書いたものに先生の朱書きが入ったもの、その右には最後に書いた作品が張られている教室もあります。これには、その先生なりの考えがあります。学びの成果が分かるようにすることが大事だとの考えからです。

　子供の作品が張ってあれば、それでいいという教師もいます。そうでしょうか？　認められ、褒められる学級の中でしか、子供の能力は発揮できないのではないでしょうか？

　時には、毎回５人ほどの作品を廊下の壁面に張って、廊下を通る子供たちにも見える掲示にしている教室もあります。これとて、教師の指導があった方がいいのか、それとも、子供の作品だからそのままがいいと考えることもできます。

❹ 学び方や前の時間までの学習の歩みが分かる環境に

　教室は学び続ける場です。時には間違いや失敗、覚えたことを忘れてしまうなど、うまくいかないこともあります。

　例えば、算数や社会科、理科の授業では、積み重ねの学習が大事であることから、前の時間までの学びの様子を、側面に掲示している教室もあります。子供たちが今日学ぼうとするとき、前の時間の何を使うべきか、考えるヒントになることもあるからです。これらは、日常掲示でなくてもいいものです。その授業がある前に張って使うのです。

　張りっぱなしの教室掲示から、授業の内容によって変える掲示物、常に使うものとしての環境を考えることが必要です。

❺ 学級の一人ひとりに関わり、活動が見える環境に

日直の仕事や給食当番の内容と仕事の分担、掃除の分担など、毎日の学級生活が見えるように、掲示物の工夫をすることも大切です。これもただ張るだけでなく、美的センスが問われます。パソコンで文字をレタリングして作ったり、イラスト入りの手書き文字できれいに書いたりと、機能的で、子供の目を引く工夫を凝らしたいものです。

❻ 班活動など子供の手によって活発に行われ、掲示が更新される環境へ

私が担任をしているとき、大事にしていた班活動の一つに班新聞づくりがあります。学期に何回か、各班で仕上げる壁新聞コンテストをしました。これをクラスの子供だけでなく、廊下に新聞を張り出すことによって、他のクラスの子供や先生方にも、おもしろい新聞に投票してもらい、「ユニーク賞」などの賞を出していました。ちなみに、この賞状づくりも子供たちにさせてきました。

● 環境は人をつくる

学級担任にとっては教室環境づくりが一番大切ですが、校長先生や教頭先生も、学校内の環境づくりに力を尽くしています。正門には季節に応じた飾りを付けたり、校内には子供の作品を飾ったり、水槽に子供たちが喜びそうな珍しい生き物を飼ったりと、いろいろと工夫を凝らしています。担任をしていない音楽専科、家庭科専科の先生、養護教諭や図書館司書の先生も、それぞれ子供たちを引きつける魅力的な環境をつくっている学校があります。

昔から「環境が人をつくる」と言われていますが、これは事実です。物的環境、人的な環境が整うと、子供たちは大きく成長します。

心地よく学べる座席の決め方は？

子供たちの実態に合わせた座席を考えよう

□子供が主役。子供同士が仲良くできる方策を考えよう。
□どの子供にも学習や生活の面で機能的な座席にしよう。
□低学年〜高学年の発達段階も考慮しよう。

● 子供の座席はどう決める？

　席替えは子供たちが楽しみにしていることの一つです。「Ａ君の隣になりたい」「Ｂ君はいじわるだから隣の席は絶対いや」など、子供たちは先生に訴えます。時として保護者からの要望が出てくる場合もあります。ここではまず、学年の初めに、担任教師が座席を決める場合の基本事項を考えてみましょう。

　前年度の３月末までに、各学年の学級編成が決まります。ここで、自分の受け持ちのクラスの名簿も出来上がります。この名簿に基づいて、いよいよクラス内の座席も決めていくわけです。新１年生の担任になった時や、クラス替えで顔と名前が一致しない子供がいた場合には、教師は早く子供の名前を覚えたい、どんな子か知りたい…と思うものです。そのため、初めは座席も出席番号順にしたりすることもあります。名簿上で名前を覚えることもしますが、目の前で顔を見ながら、会話をしながら名前を覚えるのが一番いいのです。

　みなさんも覚えがあるでしょうか。入学式が終わって、教室へ行くと机の上には、きれいな字で出席順に名前が書いて張ってあります。自分の座席が分からなかったり、勝手気ままに座ったりした記憶などないはずです。早く覚えようとする教師にとっては、これが一番手っ取り早い方法です。しばらくすると、背の高い子、小さい子や視力の低い子など、子供たちの状況がはっきりしてきて、学習に支障をきたすことなども分かります。それから改めて座席の配置を見直します。

ただし、前の学年からの申し送りや指導要録などによって、事前に子供たちの健康状態や学習状況などが分かっている場合には、できるだけ早く、子供一人ひとりの実態に応じて、座席を決めておくことが大切です。とりわけ、心身ともに特別な支援を必要としている子供の座席の配置は重要になります。

　また、なぜそのような座席の配置が必要であるか、教師の願いや意図が子供たちに伝わるようにしたいものです。その意味で、単なるくじ引きで決めるのはお薦めできません。

● 座席を決める基準とは？

　教室の中の机と椅子は、学習活動によっては、いろいろと配置を変えることがあります。例えば、班活動をする場合には、机を向かい合わせに組み合わせて、教室内にいくつかの小グループをつくることがあります。給食の時間でも小グループを組んで食事をすることもありますね。ただし、授業中においては、黒板に向かって、2人1組で机と椅子を並べるケースがほとんどです。ここでは、この基本的な座席を決める場合を考えてみます。

　一番大切なのは、どの子供にも快適な学習環境となるよう、配置を工夫することです。例えば、子供たちの心身の健康面を考慮するため、次ページのように座席を決めていきます。

座席の決め方のポイント

❶ 身長
→身長（座高）の低い子は前列に、高い子は後列もしくは窓際か廊下側に

❷ 視力
→視力が弱い子や学習障害（ＬＤ）により文字の認識に問題がある子供は前列に

❸ 過敏症
→視覚や聴覚が過敏であって、動くものや音の刺激に反応しやすい子供の場合には、窓側や廊下側の席を避ける。授業に集中しやすいように、できるだけ前方の席に

　このほか、勉強が遅れがちで教師の支援がすぐに必要な子供や、授業に集中できずに、すぐに周りの子供に話しかけてしまうような子供の場合には、できるだけ教師に近い前の席にします。また、自律的な活動が苦手で、他の子供の動作を見ないと自分で動けないような子供がいた場合には、良いモデルとなる子供の後ろに席を設けると、授業に参加しやすくなります。

　なお、高学年の場合は、座席を２つ並べずに、１個ずつ離して並べる場合もあります。自分だけのスペースが持ちたくなり、落ち着いた学習環境を求めるようになるからです。

● 中・高学年での席替えは？

　低学年の座席は、いろいろ配慮して教師が決めた方が良いと思います。これが３・４年生になると、教師は少しずつ子供の自主性を考えて、「ここで勉強していくのにどんな席にしていけばいいか、みんなで相談して決められるかな？」と座席について子供同士で話し合わせることもあります。

　席替えを学級会のテーマにすると、たいへん盛り上がります。座席一つにしても、自分たちで決めていくことは大事なことなのです。時間もかかります。子供同士の関係性も見えてきます。また、班をつくったときには、班での席を決めさせることも必要になります。話し合いの学習を大事にすることを願って、コの字型の隊型や、いつでもすぐに２人組や４人組の席ができるような配慮もします。どの場合も、子供たちがきちんと納得して決めていくことが大切です。

　５・６年生ではどうでしょうか。リーダーとなる班長を何人か決めて、班長がメンバーを決めていく例もあります。いずれにしても、教師が心掛けることは、教室が学びの場であり、主役の子供たちの温かい居場所になることを願うことではないでしょうか。学級がきちんと機能している場合は、どんな席順でも問題は起こりません。

● 座席表を活用しよう

　座席が決まったら、教師用の座席表をつくることをお勧めします。列ごとに子供の名前が書いてあり、どこに誰が座っているのかが、ひと目で分かる表です。その座席表には、一人ひとりの子供たちの良い点をメモしていくと、これからの学級経営にとても役に立ちます。例えば、A君は「元気よく挨拶する」、Bさんは「姿勢がとっても良い」、Cさんは「よく友達の面倒をみている」など、気付いたことを簡単にメモしていきます。毎日、少しずつでいいのです。１ヵ月ぐらいかけて、クラス全員の良い点が書き込めるようにしてみましょう。

子供全員の名前を覚えよう！

～名前を覚えることは子供理解の早道～

　子供にとって、新しい学年を魅力あるものにできるかどうかは、教師や友達との出会いで決まっていきます。持ち上がりでない学級は「よし、頑張るぞ」という思いとは裏腹に、「新しい先生、新しい仲間と上手くやっていけるかな」「先生の授業は楽しいかな」など、不安を抱えて迎える新学期、新学年です。

　個性あふれる子供たちに、教師も個性で迫りたいものです。初めてめぐり会う子供たちの名前を間違えずに読むことは、何より素晴らしいプレゼントになります。家に帰った子供は「うちの先生はね」と自慢げに語るはずです。

　1組の担任は、4月1日にもらった学級名簿をじっくり眺めてから、漢字の意味を調べて、机の上に置くかわいい色紙に「いい名前だね。きっとお父さんお母さんのこんな思いがこの名前に込められているんだね」と書き添えて、名前を覚えています。

　2組の担任は、前任の先生が撮った写真を見ながら、一人ひとりの名前を確認して始業式を迎えました。

　3組の担任は、学級通信の第1号をつくりながら、全員の名前を載せて覚えていきます。

　4組の担任は、始業式当日、名前から子供を当てるゲームをやり、短冊に名前を書いて覚えました。（これには裏があり、2組の先生のように、きちんと写真で顔を確認しておいて、知らなかったような顔で向き合い、最初はわざと間違い、「イヤ、違う。○○さんだ」と当てていくのです。）

　5組の私はと言うと、最初の子に次の子の名前を言わせます。名前のほかにひと言を添えて、例えば、「私の次は○○君です。4年生のとき、マラソン大会で学年2番になりました」などと、紹介してもらうのです。

　社会では、すべての名前に「○○さん」と、「さんづけ」で言われることが多くなり、学校によってはそうしているところもあります。それぞれの考え方がありますから、きちんと先輩や上司の先生に相談することが大事です。

　とりわけ、きちんとクラス全員の名前を始業式までに覚えることは、教師の必要技術だと言うことを知っておいてください。

いよいよ
学級担任としてスタート！

学級づくり実践編

第 2 章

6 班づくりはどう決める？

一人ひとりが活躍できる場をつくる

□学びの主体となる班をつくろう。
□班づくりでリーダーを育てよう。
□討論の場として班を生かそう。

● 新人のK先生の失敗

　教師になって2年目の新人K先生は、38人学級の4年3組で初めての担任を持ちました。学級がスタートして1週間後、子供たちが話し合って班分けをしました。給食当番の班は番号順に男子4人、女子4人に決まりました。清掃場所は教室と音楽室、トイレ1ヵ所、昇降口の計4ヵ所。給食当番8人を除く30人の子供たちが7人ないし8人ずつの班に分かれました。さすが「食べること」に関わる給食当番は、大きな混乱もなくできました。

　しかし清掃はと言うと、3年生までやってきたのだから、うまくできるだろうと思いきや、1週間たっても箒をふりまわし遊ぶ子や清掃用具をうまく使えない子がいて、時間内に終わらない、どこもきれいにならないそんな状態です。

　K先生は、じっと我慢の1週間を過ごしました。K先生は、子供たちが自分たちで好きなように「班」をつくれば、支え合える集団ができると考えていたのです。しかし、ベテランの先生から「K先生、困りましたね。ちゃんと指導してください」と言われて、ようやく気が付きました。新しいクラスは、まだ子供たちのつながりができていません。1人で黙々とやる子供もいません。掃除をするときに、場所によってどれだけの人数が必要かなど、各班での計画性がないので、決してきれいな清掃にはならないのです。

● 班の役割

　実はこんな状況は、経験のない若い先生がよく陥りがちな典型例です。私も似たような経験を経て、「班」には、K先生の考えとはもう少し違った意味合いを持たせたいと考えるようになりました。子供たちの気持ちを尊重しながらも、学級の質を高める主体的な役割を持たせたいのです。それは、次のようなものです。

❶　学習の主体となる「班」へ

　学級には理解の早い子や遅い子、作業するのに時間のかかる子など、さまざまな個性を持った子供がいます。教師がすべての子供に同じように時間をかけて教えることはできません。また、教師の言葉よりも、仲間の言葉の方が理解できるということはあるものです。どの子も活躍できることを目指すのが、「班」です（この考えは、インクルーシブ教育にも通じるものです）。

　社会科や総合的な学習で「調べ学習」をするとき、班は有効な手段になります。また、国語を中心とした「話し合い」活動の中では、大勢の前では発言できなくても、小さな集団なら話せるという子供もいます。

　学習指導要領でも「主体的・対話的で深い学び」の実現とある通り、まさに、班の小集団活動は学びの中心になるものです。つまり、班は子供主体の場をつくるためのものなのです。

［学級づくり実践編］

❷　リーダーを育てる

　学級を機能させるときに、リーダーを育てることが重要です。掃除をするに当たっては、どういう手順でやると効率的できれいになるかが問われます。そんなときに、皆の違う意見をまとめられる子供が必要です。また、校外学習などで意見や行動をまとめ上げる力もリーダーには求められます。班をつくることで、主体的に活躍するリーダーを育てることができ、同時に、困っている友達がいたら助けるなど、子供たち同士の温かいつながりが生まれることも期待できます。

❸　討論の場としての「班」

　学級生活を楽しくするには、自由にものが言えるということが何よりも大事です。それは勝手に発言することとは違います。それぞれが大事な場面で発言し、討議の結果決まったことには皆で取り組むことができる。こうして学級は成長していきます。班活動を子供同士の活発な討論の場として生かすことが大事です。

● K 先生の再チャレンジ

　さて、K 先生は、ベテランの先生にも相談して、班活動にまとまりがないことを指摘し、改めて「班」づくりをするよう、子供たちに指示しました。まず班の核となるリーダーを選びました。次に、リーダーが「こんな班をつくります」と所信表明をし、これに班員を呼び込んでいくという方法を取りました。掃除では「学校で一番になろう」という目標を持ったAさんは、いつもは控えめだけど粘り強く取り組める友達を自分の班に入れました。B君は勉強が得意だから、学習のたびに丁寧に教え

られると、勉強が苦手な友達を班に入れました。そう、K先生は、子供たちに自分や友達の個性を意識させ、主体的に班づくりをさせたのです。

● 班づくりに決まったマニュアルはない

でも、こうしてつくった班がうまく機能したからといって、今後1年間ずっと同じでよいかというと、そんなことはありません。学期ごとかというとこれも決まっていません。折に触れ、問題が起きたときにみんなでどうするか話し合いをしながら、その都度つくるのです。K先生の場合、その後1ヵ月で変えることもあれば、学期を越えて続くこともありました。担任と子供の信頼関係によるものです。班がうまくいった学級は、リーダーの成長はもちろん、どの子も輝いて5年生になり、学校を支えていくようになりました。

班をつくることは、決して教師が楽をすることではありません。学ぶ主体である子供たちの成長のために必要だということを覚えておいてください。

日直、掃除当番は何のため？

子供たちに社会性を身に付けさせる機会

□日直の仕事、初めは教師も一緒にやろう。
□なぜ、掃除が必要か？　その意味を納得させよう。
□当番活動を通して、責任感を育もう。

● 子供たちの主体性、自主性を大切に

　教室は小さな社会です。自立した子供を育てることが学校の使命であり、学級はそのことを学んでいく場にしなければなりません。子供が伸びようとする場合の主体は子供たち自身であり、自主的に取り組めるようにしなければなりません。よくありますよね。子供が何か言おうとすると、母親が子供の言う前に話してしまって、子供が何も言えなくなってしまうことが……。

　教師と学級の子供たちの関係も同じです。学ぶ主体の子供たちが、教師の思いのままに動いているとしたらどうですか？　素晴らしいことですか？　勝手気ままではなく、子供たちが自ら発言し、授業をつくることができたら、教師は優れたコーチに徹していていいのです。

　学習活動の方向をつくり、ゴールをつくりながら、さらに進んでいける主体的な子供たちを育てることに、全力を傾けるのが教師です。

　日直や掃除当番は、まさしくその自主性を育てるためにこそ必要なものです。

● 日直の仕事とは

　日直の仕事には、例えば、次のようなものがあります。

日直の仕事
① 朝の会と帰りの会の司会をする
② 宿題やプリントなどの提出物を集め、整理する
③ 机を揃え、黒板をきれいにする
④ 今日の出来事を日誌に書く
⑤ 帰りに教室の戸締りをする

　これらは型通りのことですが、子供たちに社会性を身に付けさせるためには必要なことです。ただよくあることですが、きちんとできない子供もいます。日直は２人組でやらせることが多いのですが、１人がやらないことなどよくあります。すると、教師がきつく怒っているのを見かけます。指導の名のもとに許される範囲ではありますが、私はこれは違うと考えます。何年生だろうと、最初は教師が付いて、日直の仕事を一緒にやることがとても大事です。よくできた子供にはきちんと褒めて、評価することも忘れてはなりません。うまくできなかった日直にはよく話を聞いて、「どうすればいいか」を考えさせ、もう１回させることです。

●「日直育て」は子供理解にも

　小学校３年生の担任をしていたときのことです。日直として学級のみんなの前で「きちんと話をさせたい」と願い、朝の会や帰りの会で、日直のスピーチを取り入れました。その場合「どんなことでもいい」ではだめです。「大事にしている物」「心に残っていること」「すてきな思い出」「これまで一番楽しかったこと」などのテーマを決めて、２分から３分間話をさせます。どう話していいか分からない子供には、前日までに一緒に話をつくり、練習をさせます。これを教師がきちんと評価することも大事な「日直育て」になります。

　繰り返しますが、このテーマは嫌なことではなく、楽しいことがいいのです。学級内で自由にものが言えることは、子供の学習意欲を高める

きっかけにもなるはずです。

　また、帰りの会では、友達の「良いとこ探し」のコーナーをつくって、日直に司会をさせてみました。まだ小学校3年生です。元気いっぱいですから、友達のことより自分中心になりがちな子供たちです。日直が「今日、友達の輝きを見つけましたか？」と問うと、誰も何も言いません。では、最初なので、先生が代わりに話したのかって？　違います。ちゃんと班長の2人に、学級のみんなには内緒で、事前にネタを教えておきました。

> 　1班の班長の黒ちゃんは、予定通り「Aさんは、昼休み校庭で遊んでいて、1年生の顔にボールが当たって泣いていたときに、やさしく声掛けをしていました」と、発表してくれました。私が黙って拍手すると、子供たちも拍手をしてくれました。Aさん本人は照れくさそうにしていました。
> 　もう1人の5班の班長のみどりさんは、「Bさんは、ちょっかいを出すC君（彼は特別に支援を要する子でクラスにいました）に、何度も何度も定規の使い方を教えていました。私ならすぐにあきらめるのに、すごいなあと思いました」と。このときも私は黙ってクラス全員と拍手をしただけです。余分な言葉は要りません。

　こうした取り組みを続けていくと、子供たちも友達のことが見えてくるのです。日直には、明日からこの「友達の輝き探し」（良いとこ探し）コーナーが加わることを言うだけでいいのです。これを1年間続けると、教師が見えなかった子供の姿が見えてきました。（ちゃっかり、学期ごとの「行動の記録」で使う材料となりました。子供たちに感謝！）

● 掃除当番を遊びにさせないために

　4年3組を担任したときです。掃除箇所を決めるにあたって、子供たちにこう話しました。「掃除の時間は昼休み後の20分間。準備と後片

付けを入れると15分で終わることが絶対条件。掃除の場所は教室・廊下と学校内のトイレが4カ所です」。35人の子供たちからは「なぜ、4年3組だけがトイレを4カ所も担当するのか？」と言われそうだったので、予め、こう子供たちには聞いておきました。

「みんなのお母さんは、お客様が来るとき、家の中のどこを一番きれいにしますか？」と。すると、子供たちの答えは第1位が『トイレ』、第2位が『玄関』、第3位が『居間』でした。そこで、「では4年3組は、学校の中で、どこの掃除に一番力を入れてきれいにしますか？」と聞くと、子供たちは「トイレ」と答えました。

そうです。私が子供たちに率先してトイレ掃除に取り組むよう仕向けました。6つの班がありましたから、1つの班は予備軍として残しました。つまり、時間内できれいにするという最初の絶対条件が満たされないときに、助けに行く班を1つつくっておきました。その結果、トイレ掃除はだいぶうまくなりました。

● **待つ姿勢も大事**

一方、だめな掃除箇所は「教室・廊下」でした。教室掃除は机を運んだり、床を掃いたり、拭いたりと結構面倒で、子供たちからは嫌われるものです。これには、「けっこうです。私がやりますからみんなは遊んでいてください」と2週間、1人でやり続けました。子供たちはどうしたと思いますか？　校庭の隅や廊下の隅に集まって相談を始めました。

4日目。「先生、ちゃんとやります。私たちに掃除をやらせてください」と私の所に来ました。でも、何も言わずにさせませんでした。子供たちはまた相談を始め、どうするかを具体的に決め始めました。そして、また、「こう決めました。させてください」と。何が変わったのでしょうか。具体的な方法を持ってきたのです。これで任せたとき、この子供たちの掃除は一変しました。

小さな社会である学級は、あらゆる方法で子供を育てることになるのです。その一つが掃除だと思っています。誰かのためになる行為、そのことは学ぶ上で大事なことです。

8 係活動はどう進めたらいい？

子供の自主性・主体性を高める活動に

- □子供のアイデア・特技を生かした係をつくろう。
- □子供同士の協力、話し合いを大切にしよう。
- □活動の様子を点検、見守り、子供に再検討させよう。

● **係活動は教師のため？**

「係活動は必要ですか？」と職員に聞きました。

> T先生：僕はここ数年、高学年の担任をしています。高学年は、学校全体に関わる委員会等の仕事があります。子供は毎日よく働いてくれます。そのため、学級での係活動の時間がとりにくいですね。仕事を分担して行う当番活動で十分だと思っているのですが、変ですかね。
>
> H先生：私は低学年の担任が長いので、どの子供にも活躍の場を与えたいと思います。低学年では当番と係活動の線引きは難しいのですが、当番とは違う形で、やっぱり子供の実態に合わせて、主体的に活躍できるために、係活動をさせたいと思っています。
>
> S先生：僕は今年、教師になりました。3年生の担任になり、学年の先生方がやっているのをそのまま真似して、係をつくりました。必要かどうかなんて考えませんでした。
>
> O先生：T先生の言うことも分かるのですが、子供たちが意欲を持って活動できるための自主的な係活動って、必要あると思うな。教師になって20年間、そう思って係活動をやってきました。

> U先生：子供たちは係活動に真剣に取り組み、授業中の態度もとてもいいんです。やはり、自分からやりたいことに夢中になれることって大事です。通知表に子供の良さを書くときにも、係活動で子供の様子が分かるのには助かっています。また、係活動は保護者との話し合いのときにも、大いに役立ってきました。

　子供同士が仕事を分担しながら、毎日安全に、気持ちよく学級生活を過ごすために欠かすことのできないのが、当番活動です。班ごとに分担して輪番で行ったり、一人一役で行ったりする場合もあります。確かに、日直の仕事や掃除当番、給食当番などは必要です。
　では、係活動をなぜ行わせるのでしょうか？　教師が楽をするためでしょうか？　とんでもないことです。H先生やO先生、U先生の言われることを、もう少し考えてみることが必要なのではないでしょうか。

● 自立する子供を育てるために

　係活動をなぜするかって？
　第1に、教育の目的は子供を自立させることだからです。自立のためには、主体的であることが大事です。「やってみよう」という意欲こそが、自分を変えるエネルギーになると考えます。楽しみながら、友達と助け合いながらの係活動は、この意味でどうしても必要なものだと言えます。カラオケ大会やダンス大会、ゲーム集会等、学級全体が参加できる企画を考えるために、「パフォーマンス係」なんてヘンテコな名前の係を考えたこともありました。(ゲーム係でいいんじゃないのと私が言うと、「私たちに任せたんでしょ」と子供につっこまれたこともありました。)
　第2に、係活動はより楽しく豊かな学級生活を目指して、自分たちでできる仕事を、自分たちで見つけ出す活動だということです。学級をより良くしようと考えるとき、子供の興味や関心、希望や特性が生かされる活動であり、文化的な活動とも言えます。私の学級でも「お楽しみ係」

「新聞係」「読み聞かせ係」など、自分たちでつくって活動していました。

　第3に、活動を通して創意工夫をすることで、学級生活の充実と向上を図るための自発的・自治的な実践活動になるからです。人との関係性では、時としてぶつかることもあるでしょう。相手の立場に立つことや、きちんと自分の思いを相手に伝えながら仕事をすることは、学級文化をつくる上で大事な役割を担うことになります。

　朝自習の時間に、教師に決められた学習をこなすことから離れ、自分たちで朝自習の工夫をしたいと「テスト係」をつくったこともありました。国語や算数のミニテストはもちろん、漢字ビンゴや社会の○×クイズをつくり、新聞からの漢字探しや地名探しのテストをつくって、みんなで盛り上がったこともありました。

　第4に、子供のアイデア・特技を生かすというメリットを利用すると、係活動の活性化につながっていきます。低学年ではどの子も活躍できるようにと、最初は担任教師が係をつくることもあります。でも、やがて係活動の仕事が自分たちでできるようになったら、さらに工夫した活動が付け加えられるように、グループで話し合いをさせます。

　また、子供からこんな係がほしいと、新しい係が付け加わることもあります。中学年の学級では「コント・ギャグ係」という係があって、友達を笑わせるような、おもしろいことをする係がありました。コントやギャクを考え、みんなに発表して、和やかな学級をつくっていました。

　第5に、係活動は「キャリア教育」の視点でも意味があります。仕事をするということは、人との関わりの中で大切であり、生活を支える根幹と言えます。学級の一員としての役割活動は、キャリア教育の求める勤労観の育成の基礎づくりにつながるものではないでしょうか。

● 係はどのように決めるか

　係の仕事内容によって、およそ必要な人数を決めてから、子供の希望を聞きながら決めます。そのとき、必ずグループで活動できるようにします。さらに、男女混合になるように配慮します。希望者が多くなったときは係を2つのグループに分け、互いに競わせながら活動させるので

す。反対に、希望者が少ないこともあります。みんなで話し合っていきますが、あくまで学級生活を豊かにするものですから、話し合いの結果、その係をつくらないことだってあるのです。決して押しつけではだめなのです。決め方の手順は次のようになります。

❶ つくりたい係を挙げさせ、短冊に書かせて黒板に張る。

子供たちとの事前の話し合いで、つくりたい係をすべてつくるか、数を絞るかを決めておきます。私は６つから８つくらいが適当だと考えてきました。

❷ 子供たちは自分の名前を、やりたい係のところに書く。

❸ 係は決して固定化しない。

点検活動は大事になります。係活動が停滞することもあります。教師が励ますことが必要になります。なくすことも必要になります。また、人数の変更も出てきます。決して任せっきりにしないことです。

係活動を活発にするためのチェックポイント

❶ その係が本当に必要か、係として継続的に活動できるのかを考えさせる

→子供の自主的・主体的な活動とはいえ、何でもさせていいと言うことではありません。教師が相談にのり、問題をきちんと指摘してやることで、活動を長続きさせることができるのです。

❷ グループが協力して活動しているか

→係活動は規範意識や信頼関係を育てる大事な活動です。子供同士の関わりを大事に見守りたいものです。

❸ 活動の定期点検を折に触れて行う

→最初の１ヵ月は子供たちの思い通りに活動させます。その後、係が活性化するためには、活動内容を再検討させて、その内容を新しい掲示物にしてみんなに示します。子供がその活動を必要としているか、折に触れて担任が見守ってやることが大切です。

❹ 意見箱を設置する

→みんなの意見を出し合うコーナーが必要です。時には活動が子供の負担になっていることもあるので、みんなで考える材料にします。

⑨ 子供がやる気になる給食指導は？

給食指導は楽しい学級づくりにつながる

□子供たちの食生活を取り巻く問題に注意を払おう。
□楽しく、美味しく食べる工夫をしよう。
□栄養教諭、養護教諭の先生とも連携しよう。

● 食指導としての給食

「学校で一番楽しいことは何？」と子供たちに聞くと、決まって第1位で「給食」と答えます。次の日の準備に忘れ物があっても、給食に何が出てくるのかを調べてくる子供もいます。子供とてそうなのですから、私たち大人でも食に関しては関心が高い。

連日、食に関する報道はひっきりなしです。「うまい物が食べたい」「美味しい店を知らないか？」そんな会話が日常化しています。テレビでも雑誌でも、食をテーマにしたものの多さには驚きます。学校給食が美味しくなってきたことも、さまざま報告されています。この給食を考えることは、私たちの「生きる」ことに直結していると言えるのです。

この食に関して教師がどう考えるかで、給食指導は変わっていきます。年間、学級給食の食数は概ね180食前後です。子供の食事全体から考えると、たったの6分の1以下です。たかが6分の1ですが、されど6分の1なのです。給食指導をすることは食指導を考えることなのです。

● なぜ、給食は大事か

まず、子供たちの食生活を取り巻く社会環境の変化を考えてみましょうか。

第1に、朝食を取らない子供が増えていることです。

これにはさまざまな要因が考えられます。だいたい、クラスの中には1人か2人は欠食の子供がいます。私のクラスにいたある1人の子供に

は、授業が始まる前に用務員さんが、その子に温かい牛乳とパンやお菓子をそっと食べさせ、クラスに戻してくれたことがありました。初任の頃の私は、その子にどう対応していいか分からず、その用務員さんには本当に助けられたことを思い出します。

第2に、偏った栄養バランスの子供が増えていることです。

極端に肥満傾向のある子供も増えています。偏った食事は、生活習慣病などの健康問題につながっていきます。スナック菓子はもりもり食べるのに、お母さんがつくった料理には手をつけない子供もいます。きちんと三食を取らず、不規則な食生活を送っている子供がいるのです。

第3に、子供1人で食事を取る「孤食(こしょく)」も増えています。

「子供食堂」のことを聞いたことがあるでしょうか。経済的な理由から、家で十分な食事が取れない子供を対象に、ＮＰＯ法人やボランティア団体等が中心となって、無料もしくは安価で子供に食事を提供する社会活動のことです。家族で食卓を囲むという文化は、子供を育てる上で大事なことですが、それを許さない社会環境の変化が起き、子供たちにそのしわ寄せがきているという現れでしょうか。

こうした食を巡る問題から2005年に「食育基本法」が誕生しました。国民が生涯にわたって健全な心と体を養い、豊かな人間性を育むことができるようにするため、「食」の重要性を訴えたものです。これを「食育」と呼んでいます。「食育」とは何か。これには2つのねらいがあります。

① 食は生きる上での基本であり、知育、徳育および体育の基礎となるもの。
② 食に関する知識と食を選択する力を習得し、健康な食生活を実践することができること。

学校給食は、この理念を受けています。

● 給食指導は準備から

みなさんには学校給食というと、どんな思いがあるでしょうか。担任となったその日から、給食指導が待っているのです。これがなかなか大変です。その準備から指導の始まりです。

> **給食が始まるまでの準備**
> ① 給食用白衣、帽子、マスク等の用意
> ② 配膳台を拭くアルコール等の用意
> ③ 配膳の仕方や後片付けの計画や掲示物の用意
> 　学校によって違いはありますが、給食当番が主食の盛り付けからデザートの盛り付けまでをするため、最低でも6人ほど必要になります。配膳台への置き方も大事です。残食（食べ残し）を出さないために、適量を盛るように教えることも必要です。
> ④ 待つ子供への指導、もらい方指導

　私のクラスでは、給食係に「とりに来てください」と言われるまで、毎回読書の時間にしていました。「食事は楽しく食べよう」が目標です。よく食べる子供たちでした。給食室の職員から、残さず食べ続けていたら、次の日の食缶に「いつも残さず食べてくれてありがとう」のメッセージが添えてあり、子供たちと喜び合ったこともありました。

　また、食の細い子供には、もらうときに自分で「少しにしてください」と、食べられる量をきちんと給食係に伝えられるよう、教師が指導することも大切です。決して無理はさせませんが、少しずつでも食べられるようにすることも、学校給食の大事なことです。

● 配膳から食事まで

　施設・設備によって違いはありますが、給食はほとんどそれぞれの教室で用意することになります。決められていることをきちんと定着させるためには、担任の指導力が発揮されます。きちんとエプロンを身に付け、「さあ、これから給食だ」と丁寧に指導をしていくのです。

　とりわけ、1年生の指導は大変です。最初のこの指導が学級づくりと関係していきます。熱いおかずの食缶の中身をまいてしまったり、盛り付ける最中にこぼしてしまったりと、次々と問題も起きます。さすが5年生や6年生では、これまでの経験から手際よく用意ができますが、それでも時には失敗もあります。最初の指導が今後を決めていくことになります。

食する時間は、長くても20分ほどしかありません。午前の授業が延びたり、準備で時間がかかったりすると、これはもう大変です。

本来、給食は「楽しく食べる」ことが大事です。「食事のリズムをつけること」「味わって食べること」「仲良く食べること」ですが、気をつけないと駆け足で給食を終わらせることになります。

● 給食指導で考えるべきこと

食は、命をいただくことです。命ある物を食することをきちんと教えなければならないでしょう。また、食物アレルギーの問題も大切な指導の一つになりました。穀物アレルギーの子供に、そばやうどんを食べさせて、深刻な問題になることもあります。担任はこれらのことも把握し、配慮して指導する必要があります。

また、食と健康の視点や食と生活習慣または食と環境といった、さまざまな視点から給食指導を行うため、学級担任だけでなく、校内の栄養教諭（栄養士）や養護教諭と連携していくことも大切です。学校全体として食指導の全体計画がつくられ、それぞれの学校に通う子供の実態をきちんと把握することが求められるのです。

> ① 学級担任が行う日常の指導：食べ方のマナーや箸の使い方、食事の際の挨拶（いただきます、ごちそうさま）や会話
> ② 養護教諭や栄養教諭（栄養士）からの指導：食物アレルギー、栄養や食事の取り方、調理方法など
> ③ 保護者会を通じて：食育全般についての話し合い、朝食を取ることの必要性
> ④ 総合的な学習の時間、特別な教科　道徳の時間：命の学習として授業を展開

「食は命であり、楽しい、愉快な、安全な」給食の時間をつくることが、学級担任の務めです。食事の美味しさには、教室内の環境や雰囲気、人間関係も影響するものです。給食指導は、楽しい学級づくりにつながっているのだと信じて取り組みましょう。

朝の会・帰りの会を楽しくするには？

学校生活にメリハリをつけよう

□ 短時間でも場を盛り上げる工夫をしよう。
□ 学級の目標やめあてを確認する機会にしよう。
□ 教師も一緒に楽しもう。

● 朝の会・帰りの会をどう捉えますか？

　初任の頃は、朝の会・帰りの会はただ単にするのが当たり前だと思っていました。いずれも時間が短いため、連絡や指示・注意事項の確認などの事務的な活動になりがちでした。

　あるとき、先輩の学級を一日参観させていただく機会がありました。まず気がついたのは、朝の会の様子です。子供たちはとても元気で楽しそうでした。朝の眠気がどこに行ってしまったのかと思うほど、朝の会のあとは、1校時目の授業からとても生き生きとしていました。自分の受け持つ学級と明らかに違っていたのです。

　「朝の会って、こんなに大切なんだ」と率直に思いました。自身の朝の会・帰りの会の意識改革をしなければならない、と強く感じさせられた出来事でした。

● ねらいをもって取り組もう

　授業に毎時間ねらいがあるように、朝の会・帰りの会もねらいを持って取り組むようにしたいものです。一日参観させていただいた先輩の先生に、学級目標を基に「どういう会にしたいのか」「どんな力をつけさせたいのか」を考えていくとよいと教わりました。

　例えば、自分の受け持つ学級の目標が「笑顔」だったとします。一日を笑顔で始まり、笑顔で終わろうと子供たちと話し合った結果、決めたものです。実は、これを意識させる絶好の時間が朝の会・帰りの会なのです。

具体的には、帰りの会で「きょうの笑顔」というテーマを設定し、みんなが笑顔になったような場面を思い出して、発表し合います。

また、「いいこと見つけ」と題して、一日を通して友達の良かったところを見つけ出し、みんなで認め合う時間を設けている学級もありました。教師が積極的に子供の良かったことを紹介し、褒めてあげることも大切です。そうすると、どういう行動が良いのか、具体的な手本を示すことができるし、子供たちも先生をまねして、友達の良いところを見つけようとします。

朝の会・帰りの会は、10～15分と短時間で行うものと決められています。子供たちには日ごろから「時間を守ろう」と指導しているので、教師も時間を守るようにしたいものです。そして、1校時の開始時刻や下校の時刻に支障がないようにしなければなりません。

● ちょっとした工夫で雰囲気が和みます

「あいさつ」一つをとっても、日によって声の大きさを変えると効果的です。例えば、「朝の会」では、隣の友達・隣の教室・校舎の一番離れた教室・校庭などにも聞こえるようにと、声のボリュームをいろいろ変化させて、あいさつをさせると盛り上がります。「朝の会」は、学校生活の始まりのスイッチを入れる意味でも、楽しい雰囲気にしたいものです。

一方、「帰りの会」では、あいさつの後に「じゃんけん」を取り入れたりすると、より楽しく学校生活を終えることができます。先生に3回勝ったら帰れるルールや、高学年であれば、英語でじゃんけんをしてみても子供たちは喜びます。

そのほか、「1分間スピーチ」や「音読」「簡単な体ほぐし」を取り入れることもあります。限られた時間の中で行うので、予定通りには進まないときもしばしばありますが、短時間でもちょっとした工夫で、学級の雰囲気を和ませることができます。

● **子供と一緒に楽しもう！**

　子供たちは、さまざまな思いで学校生活を送っています。朝の会では「今日も一日楽しく過ごしたいな！」、帰りの会では「明日も学校に来るのが楽しみだな！」と思ってもらいたいものです。そこで大切にしたいのが教師も一緒に笑顔で楽しむことです。

　子供たちに負けないような声であいさつをしたり、一緒に歌ったり、おもしろい話をしたりと場を盛り上げることを意識しましょう。そしてそのとき、学級の中でおとなしくて目立たない子供や欠席した子供にも目を配り、大切に扱っていくことも大事です。教師が子供たち一人ひとりの良さを認め、大切に思っていることを示しましょう。

　教師の思いはきっと子供たちに伝わるはずです。学校生活の始めと終わりのメリハリをつけるため、教師自らが態度で示していきましょう。朝の会・帰りの会は短時間ではあるものの、学級経営における教育的意義は大きいものがあります。

朝の会・帰りの会の進行例

朝の会
- あいさつ
- 健康観察
- 歌
- 一日のめあて
- 係からの連絡
- 先生の話

帰りの会
- 係からの連絡
- めあての反省
- 今日の笑顔
  （いいこと見つけ）
- 欠席者への連絡の確認
- 明日の予定
- 先生の話
- あいさつ

いじめを許さない学級づくりは？

「みんなちがって、みんないい」で防ぐ

□子供同士の自尊感情を育てよう。
□一人ひとりの個性を生かして活躍できる学級にしよう。
□教師の対応や言葉遣いに気をつけよう。

● いじめは社会的な問題

2015年11月、茨城県取手市で中学3年生の女子生徒が命を絶つ事件がありました。同級生間の寄せ書きに悪口を書かれたり、嫌がらせの悪口を重ねて受けたりする中、自宅で自殺したのです。しかし、市教委も第三者委員会も当初はいじめによる重大事態とは認識せず、1年半以上に渡って両親が訴えたところ、やっと「いじめである」と認めたのです。

両親にとってかけがえのない娘が、いじめによって命を絶ったという事態は、この上なく悲しくやりきれないものです。ましてや、いじめがあったということすら調査しない市教委・第三者委員会には、遺族にまったく寄り添う姿勢がないと、社会的な問題になりました。

これ以前の2011年には、滋賀県大津市で中学2年生の男子生徒が自殺しています。この事件では2年近くたって、やっと学校がいじめと認識しました。いじめは、人権を侵害する不当な行為であり、このような悲しみを二度と繰り返さないことを願い、2013年に「いじめ防止対策推進法」ができました。この法律には、いじめの定義や、学校や家庭の在り方、行政のやるべきことまで示しています。にもかかわらず、同じようなことが繰り返されています。

● いじめを起こさない学級・学校をつくる

いじめは教師がいないところで起こる。確かにその通りでしょう。1人の子だけに掃除をさせたり、文房具に落書きをしたりと、たわいのな

いことが出発点です。

　でも、学校は、担任は、普段の授業で子供を「見て」います。ここで重要なのが、本当に子供を「見ている」と言える状況になっているかということです。「忙しくて」「やるべきことがたくさんあって」と、子供を直視することから逃げている学校現場も、残念ながらあります。

　どの学校でも、いつでも起こり得るのがいじめです。学校を挙げて子供たちに楽しい授業に取り組んでいるか。教師同士が子供の様子を語り合うことはできているか。管理職も、各学級の子供の学びや活動の様子を見ているか。学校行事に夢中になる子供を育てているか……。いじめは起こってからでは遅いのです。だから、その手前で踏ん張れる子供にすることが求められるのです。

● 子供たちに人との「関わり」を教える

　いじめは「○○君に悪口を言われた」「○○さんに××を隠された」などということから始まります。中学年からは、こうしたことが起きると、担任はやった子に対して「どうしてやったの」と、責め立てるように指導することがあります。指導をすることが悪いわけではありません。必要な指導です。しかし、人は本能的に「自己中心性」を持っています。そして、他人と関わることにより徐々に社会性を身に付けていきます。しかし、今日これが育っていない実情もあるのです。

　コミュニケーションをとることで、人間関係は構築されていくわけですが、子供は本能として自己を守るために、時として他人を攻撃しがちになります。学校という社会は、自分とともに他人も大事にするという「関わり」を教えていくためにあるのだとも言えます。私たちの社会は、自分と違う人間の集団で成り立っています。みんなそれぞれが、それぞれの良さや欠点を持って生きているのです。

　かつて、詩人の金子みすゞが、「みんなちがって、みんないい」と言いました。それぞれの欠点を、それぞれが補いながら生きていることを、私たちは肝に銘じるべきです。

● 教師自身も常に省みる

　一方で、関わりを教える教師自身が育っているか、自らを省みることも必要です。説教で指導するよりも、子供の声を最後まで聴く教師になってほしいのです。誰に対してもおうように構えたいのです。説教からの指導だと、子供は本音を閉じ込めて我慢し、いつかどこかで爆発してしまいます。

　教師は「角が見えない大きな丸」であるべきです。それが子供たち同士の良さを認め合い、「自尊感情」を育てる学級につながるのです。

　各人はかけがえのない大切な存在であることを、大人である私たちは、学校という社会の中で育てることが必要です。

● 見ようとしなければ見えない、聴こうとしなければ聞こえない

　「いじめはだめ」。こう分かっていても、前述のようないじめによる自殺事件が起きたときにも、「いじめはあった」と大人はなかなか認められませんでした。果たして本当に見なかった、見えなかったのでしょうか。見ようとしなかったのではありませんか。

　子供の声は聴こうとしなければ聞こえません。

　読者のみなさんは、いじめが起きる前の小さな変化に気付く先生になってください。もめごとが起きたときは、子供の言い分をうんと丁寧に聴いてください。気付かせてください。素敵な授業で子供たちを活躍させてください。子供と一緒に休み時間は遊んでください。子供の心に飛び込んでください。学級の出来事を学年の先生方に話してください。保護者に伝えてください。情報を共有してください。

　価値観の違う子供が、それぞれの個性を生かして活躍できる学級にすることが、いじめをなくす早道です。私はそう信じて、子供と向き合ってきました。それでも小さないざこざが起き、何度も保護者から連絡を受け、悩んだときもありました。

　加えて、教師の対応や言葉遣いも、またいじめになりかねません。心して子供たちに向き合うことが大切です。

現在、すべての公立の小・中学校は、いじめ防止対策推進法第 13 条に基づいて「学校いじめ防止基本方針」を作成しています。作成されているから、いじめは起きないのかというと、そうではありません。作ったことは共有することで意味を持ちます。しかし、それだけで終わっては問題です。

　法律ができたから、いじめがなくなるということは決してありません。いじめをなくすことができるのは、現場の先生、保護者、関係者、つまり、あなた方なのです。子供の話題があふれる学校にしてください。だから、まず担任であるあなたが、子供のことを語ることに意味があるのです。教師も保護者も地域も、これまで以上に子供に寄り添うことが重要だということです。

キレる子供にどう接する?

担任一人で抱え込まず、チームで対応

□ その子供に応じた約束事をつくろう。
□ 保護者、同僚、上司の力を借りよう。
□ 子供の変化の記録をつけよう。

● 不安で学校に行きたくなかったA先生

　A先生が3年目で5年生の担任のときの話です。クラスにO君がいました。「テストで100点が取れないと大声で怒りだす」「友達から悪口を言われると暴力をふるう」「校庭で遊んでいてボールが当たると、急に怒ってわめき散らす」など、ちょっとしたことでイライラして暴言を吐いたり、物を投げたり、暴力をふるったりする。A先生は連日不安と心配の中で「今日もキレたらどうしよう。不安で学級に行くのも、学校へ行くのも嫌になりました」と、後になって語ったほどでした。

　新学期を迎える際には、前学年の担任に子供の状況を個別に聞き、引き継ぎをしていました。担任としては万全の状況で学級開きを迎えたつもりです。前学年でも同様だったようで、クラス替えをして解決を試みていたのですが、1人のキレる子供は周りの2、3人の子供を巻き込んでいき、解決策にはなりませんでした。ざわざわした雰囲気が、クラスにどんどん広がっていきました。勉強を分からないままにしてきたこと、生活のルールが身に付いていないという個人の問題。それをそのままにしてきた家庭。粘り強く生活指導に取り組んでこなかった学校。それぞれに原因があると言えます。

　A先生は周囲の先生方に助けを求めながら、辛い毎日に向き合っていました。「キレることで一番困っているのはO君自身だ」と言い聞かせて取り組んできました。彼は、感情をどう表現したらいいのか分からず、結果として攻撃的な行動に出てしまうのです。そこで、時間をかけて3

つの約束を決めました。

> ①どうしたらよいか分からなくなったら、まずその場に座ろう。
> ②学校の外に飛び出していかない。
> ③気持ちがどうしても押さえられないときは、心を落ちつかせる場所に行ってもよい。

　キレた直後は何を言っても無駄です。頭に血が上り、殴らないと気が済まない状態なのです。こうなると、誰の声も耳に入らない。根気強い指導が必要で、O君に合う約束事を決めることが大事なのだと分かってきたのです。

●キレる子供にはどうすればよいか

　今、小学校でも1年生からキレる子供がいます。夢や希望に燃えて教師になったあなたの前に、こうした子供がいるのです。指導がうまくいかないと、落ち込んで元気もなくなり、食欲もなくなってしまいます。助けてくれる仲間が必要です。あなたの声をきちんと聴ける仲間が必要です。

　キレる子供など、問題を抱える子供がいることが分かった時点で、次のようなことを考えてください。

①複数の目で見ていく

> 　学校規模によっては、これは厳しい現実がありますが、担任以外の先生が直接見られなくても、その子の状況を学校全体が共有しておくことで、いざという場面で力を合わせて対応することができます。担任一人で抱え込むのはやめましょう。担任は、キレる子供を含めて、クラスには必ず特別な支援を必要とする子供がいることを理解した上で、他の先生の力を借りるとよいでしょう。

②保護者とのつながりを持つ

　家庭で気になる様子や変化があれば、電話でも連絡帳でも、さまざまな方法で連絡できる関係を保護者と築くことです。
　問題を抱える子供の保護者の中には、どうしていいか分からず悩んでおられることもよくあるのです。
　反対に無関心な保護者もいます。子供を育てるという観点から連携の道を探ることは、何より必要なことです。これも担任一人では無理な場合があります。学年の同僚や管理職に支援をもらうことを忘れてはなりません。

③クラスの子供たちにも状況を伝えておく

　クラスの子供たちも、いつキレるか分からない状態を不安に思っているはずです。すると保護者も、学級に対して不安を感じることになります。そこで、キレる子供と決めた約束事は、クラス全体の約束事として理解させることです。そして、もし問題行動の場に居合わせたら、すぐに周りの先生に伝えるように指導しておきます。休み時間など、教師の目が届きにくいときにこそ必要なことです。
　学級規模は小さくなっていますが、学級はさまざまな個性の集団であることを、もう一度肝に銘じておきたいものです。

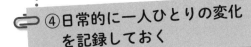

④日常的に一人ひとりの変化を記録しておく

　記録は簡潔に、いつ、どういう行動が生まれたかを箇条書きで構いませんので、書き留めておきましょう。そうした記録用紙を残すことが大事なのです。記録を見れば、誰もがあなたのクラスの状況を理解できます。同僚や先輩教師と、状況を共有する環境をつくっておくことが必要です。その記録を見ながら、対応について話し合うことも大切です。言葉だけではなかなか状況が見えないことがあります。起こった時点で記録するのがポイントです。「後でやろう」は忘れてしまいます（ただし、この資料は、個人情報ですから取り扱いには注意が必要です）。

　体調を壊して、休職や退職をする教師が出ている現実もあります。担任が一人で思い悩むことだけは避けたいのです。

●「チーム学校」が対応の基本

　みなさんは、「チーム学校」という言葉を聞いたことがあるかと思います。学校は授業をすることが主ですが、それだけでは、子供たちを変え、成長させることはできないのです。

　「いじめの問題」「キレる子供の問題」等々、さまざまな職種の人たちとの協力によって、支え合っていくことでしか解決しないことを、文部科学省も教育委員会も、管理職も認識しています。担任一人で抱え込まないことが、子供を、そして自分をも変えるのです。

13 保護者とどう向き合えばいい？

保護者対応のキホンのキ　信頼関係をどうつくるか

□落ち着いて、ゆとりを持って対応しよう。
□保護者と一緒に悩み、考える姿勢が必要。
□子供の輝く姿を家庭に伝えよう。

● さまざまなタイプの保護者

　どの保護者も子供のことを大事に考えています。心配しています。保護者なら当然です。学級担任、学校は子供を通して保護者とも向き合っているのです。

　教師にとって、子供や保護者との良好な関係は、元気の源になります。保護者のほとんどは、新任の先生より年上です。さまざまな経験を経た人生の先輩なのです。しかし、今は価値観の多様化がますます進み、意見を一つにまとめる困難さを感じる社会です。日々成長する子供たちですが、保護者からいろいろな意見が出てくると、向き合うのもなかなか厳しいものがあります。

　人との関係で大切なことは、誠実に対応することです。でも、現実的には残念ながら、誠実に対応すれば、何もかもすべてがうまくいくとは限りません。次のような事例を一緒に考えてみましょう。

事例❶　子供の現実を見られないタイプ

　4年生女子児童。学校では誰とも話しません。口がきけないわけではありません。家庭では大きな声で話すと聞きます。でも、先生が話しかけても、うなずくだけです。家庭は梨農家で本人、ご両親と妹、祖父母との6人家族です。「1年生から、学校では話さないと担任の先生に言われ続けてきました。家では話すので心配しないできました」と、つぶやくように母親は語ります。

事例❷　子供に無関心なタイプ

　５年生男子児童。20年以上、低学年を中心に指導されているベテラン教師が担任をしています。男児の学力はせいぜい３年生程度で、いつも授業を抜け出します。先生が話すと大声を張り上げます。隣や後ろの子へちょっかいを出して、授業を邪魔します。叱ったり、褒めたりしながら毎日を過ごしてきました。これまでの担任からの申し送りでは、保護者は「そうですか」とは言うが、忘れ物をしても気にしないし、電話をしても出ません。保護者会にも出たことがないということです。

事例❸　不平や不満を言うタイプ

　最近増えてきたケースです。３年生の女子と６年生の男子を持つ母親。月に３、４回、いや週に１回は来校します。「うちの子の傘が壊された。これで３回目です。傘立てで傘が壊れるのは誰かが壊したからですよね。弁償してもらえますか」など。学校の指導が悪い、担任に力がないなどキリがありません。学校は児童数が千人を超えるマンモス校で、春の運動会はグラウンドの保護者の場所取りが続いて、前日の夜には校門前に数十人が並びます。近所からの苦情が続きました。そこで、抽選によって、人数を制限しながらグラウンドに入る方式に変えたのです。これに対して、この保護者は「その抽選はＰＴＡの役員に特権があるのではないか。その抽選を見学させろ」と言います。700世帯の抽選に２時間かかりました。それを見学して、ごまかしのないことを知って、黙って帰っていきました。

> **事例❹　子供と母子分離ができないタイプ**
>
> 　子供が考えていることを先回りしてやってしまうタイプの保護者がいます。３年生のＡ君は感受性のとても強い子供です。授業中も言われたことはできますが、自分から発言したり動いたりすることはありません。じっくり考えてやっと発言します。家庭訪問で、「昨日はどうして休んだの？　Ａ君の話が聞きたい」と話しかけると、お母さんが全て代わりに答えてしまいます。子供はお母さんの様子をうかがいながら判断しますから、自分を出せないできているのです。

● 保護者の反応　―４つの事例の場合

　このほか、「子供に暴力的な態度を取る」「一般常識に欠けている」タイプなど、さまざまな例があります。

　児童虐待が疑われるような場合には、担任一人で抱え込まずに、養護教諭にこっそり子供の様子を見てもらうほか、学年の先生や管理職に報告することが大事です。児童相談所に通告することもあります。

　先の**事例❶**では、班活動を中心として、子供が少しずつ明るい表情を見せるようになると、保護者も懇談会に参加するようになりました。そして、子供自身は友達と会話ができるようになりました。

　事例❷は、先生方や友達が教えたりすることで、子供に落ち着きが生まれるようになっていきました。しかし、保護者の態度は変わりませんでした。

　事例❸は、この保護者の２人の子供には、担任を含めて目を離さないことと、気になることがあれば、保護者に早めに連絡を入れることを、学校全体で決めました。この保護者は簡単には変わりませんでしたが、学校に来ても怒鳴ることは減りました。管理職が対応することで、落ち着いて帰っていくようにもなりました。

事例❹のような場合は、お母さんの子育ての考え方を変えるのは難しいのですが、ゆっくり、穏やかに、子供が自分で考えて、自分の力で決断する場面が子供の成長にとって大事であることを、事あるごとに伝えていきました。

　お母さんには、辛くとも子供を黙って見守る勇気を持ってもらうことが大切です。これができないと、子供が不登校になるなど、深刻なことになることも起こり得るので、時間をかけてお母さんの理解を得ていきます。

　このように保護者に対しては、さまざまな対応を迫られますが、まず深呼吸をして、ゆとりを持って受け止めることです。心のゆとりと時間のゆとりがないと、それが相手にも伝わり「先生はちゃんと聞いてくれない」と、余計に事を大きくしてしまうものです。誰も完全ではありません。教育相談のつもりで、保護者と一緒に悩み、考える姿勢が必要です。

● 授業で子供を変えて、保護者との関係を育てる

　若い教師に望む第1の条件は、授業で勝負できる教師になることです。

　普段から分かる・できる授業を創造することです。分かる授業によって、子供たちは授業の「主役」であることを実感します。子供の輝く姿は必ず家庭に伝わっていきます。子供が楽しく学校に通い、楽しく家庭に帰ってくる姿は、保護者にとって担任に対する絶対的な信頼感につながるのです。何よりの保護者とのコミュニケーションです。

　教師が意欲的に学ぶ子供を育てることは、保護者に信頼感や安心感を与えることにつながります。

14 保護者会を成功させるには？

誰もが発言できる雰囲気づくりが大切

□教育方針をきちんと伝えよう。
□子供を共に育てる姿勢で臨もう。
□机や椅子の配置、プログラムを工夫しよう。

● 保護者の願い

　教師にとって、最初の保護者会ほど、緊張するものはありません。何年経験してもそうなのですから、初任者にとってはなおさら……。最初の話をどうしようか。どんな話題にしようか。表情はどうするか？　服装は？　と悩みます。

　保護者も第１回目には、ほぼ全員が参加するのです。ましてや、初任者や異動してきた教師、人気のある教師の保護者会には、たくさん人が集まります。みんな、教師に期待しているのです。

　・子供たちにきちんと学びを教えてほしい。
　・楽しく子供たちと遊んでほしい。

　保護者の一番の願いは、学力向上と楽しい学級づくりです。

　これまで何度となく保護者会を行ってきましたが、一番大事なことは、保護者を子供の成長を一緒に見守る良きパートナーとして考え、接することです。教師が上から目線で言うのではなく、遠慮するのでもなく、子供のことを共に考えるということが、何より重要になります。

● 学校の教育方針をきちんと伝える場

　学校の教育方針は、学校だよりや４月の最初の全体保護者会等でも、校長から保護者に対してのお話はあるのが普通ですが、学校の教育目標、学年・学級の教育目標を理解してもらう意味で、やはり担任教師が保護者にきちんと伝えることが大切です。保護者会は、協力して子供を育て

ていくための保護者との話し合いの場なのです。

　今日、ますます学校や教師の説明責任が問われています。初任者であっても学級経営に責任を持ち、どの子供にも学力をつけることが求められています。学校では、学年・学級ではどんなことに取り組んでいるのかを、学習面と生活面に分けて、保護者に具体的に伝えることが重要です。

　また、保護者からの声にもきちんと耳を傾け、改善すべき点は受け入れる姿勢を持つことが大事ですが、学校全体に関わることやはっきりしないことは、決して即答してはいけません。後日答えることです。

● 参加した保護者全員がひと言ずつでも話せること

　保護者会で担任教師だけが話して終わり。そんな報告を聞いたことがあります。初任１年目で２年生の担任となった、Ａ先生の最初の保護者会がまさしくそうでした。

> 　Ａ先生は、予め、学年の先生方の助けを借りて、学年目標や保護者会で話すべきことや進行の仕方（１．自己紹介、２．今年の主な年間行事、３．教師の願い、４．保護者からの要望）をプリントにまとめて、保護者会に臨みました。ただ、まだ学校が始まって２週間余りしかたっていません。５時間目の授業参観後、慌ただしく帰りの会を済ませての保護者会となりました。
> 　保護者会が始まって、担任として自己紹介をしましたが、緊張して何を言ったかちんぷんかんぷん。準備してきたようにはいきません。保護者の数人から、
> ・国語の授業では後ろまで声が聞こえませんでしたが、子供たちには聞こえていたのですか？
> ・もっと、子供一人ひとりを見てほしい。
> ・宿題を出してください。
> など、いろいろな意見が出されましたが、Ａ先生は緊張のあまり、きちん答えることができなかったと、反省していました。

学級づくり実践編

> 　後ろで見守ってくれていた指導教諭は、「授業は落ち着いてできていましたね。子供たちもよく考えていましたよ」とA先生に声を掛けたのですが、A先生は落ち込んで保護者会を終えました。
> 　そして、保護者会が終了して、保護者が教室を出た途端、廊下での「保護者会」が開かれていました。さっきは、ひと言も話さなかった保護者から、さまざまな愚痴が出ます。本当は話したいことがあったのに……と。

　保護者会が終わった途端に、井戸端会議が始まるケースは、実はよくあります。教師が保護者会の場で、意見が何もでなくても、「〇〇さん、いかがですか？　何でも結構です」とふることが大事なのです。言いたいことがあれば、どんなことでもひと言ぐらいは話せるので、教師が発言を促し、保護者会の場では、誰もが発言できる雰囲気をつくることが大事です。保護者との信頼関係をつくることにもつながります。でも、これはベテランの教師でも難しいものです。

　最初に保護者との信頼関係がつくれると、このあと、いろいろな点で学級経営がスムーズに進みます。ただし、初任者にはかなり負担がかかります。そんなときは学年の先生に相談をしたり、管理職にも保護者会に参加してもらったりするとよいと思います。「話し合ってよかった」と教師が思い、「この先生なら大丈夫」と保護者が思う、そんな保護者会でありたいものです。

　私は管理職として、保護者会の前に必ず職員に伝えていました。

　「あなたが一方的に話して終わりでは、子供を共に育てるという姿勢ではありません。あなたも話すが、保護者も話すということがなければ、共に育てることにはなりません。保護者は先生方の品定めに来ると思ってください。話し方一つ、服装一つ、笑顔一つで先生を見ます。きちんとした態度で臨んでください。そして、どうしても答えられないような質問が出たときは、『後ほど、確かめてからでよろしいですか』と堂々

と話してください」。

● 机の配置や名札の用意など、ちょっとした工夫を

　穏やかで落ち着いた雰囲気で保護者会を開くには、それなりの準備が必要です。机の配置や名札の用意などで工夫をします。机を取り除いて、椅子だけで配置したり、机と椅子で円形に並べたり、レイアウトも大切です。子供の名前を椅子の背に貼ったりすることもあります。

　ベテランのＳ先生は学年分の一輪挿しの花を用意しています。Ｈ先生は、保護者会の最後には「プレゼントです」と詩を贈っています。こうした気配りには、それぞれの教師の感性が出るものです。

● ゲストを招いての保護者会も

　学級内のさまざまな問題について、保護者との話し合いをもつことは大切ですが、時には保護者の関心が高そうな教育トピックを選び、ゲストを呼んで話してもらうと盛り上がります。そのテーマには、例えば次のようなものが考えられます。

　　・読書の大切さについて
　　・親離れ・子離れについて
　　・子供のお小遣いについて
　　・ゲームと視力について
　　・携帯電話について

　学校全体でも、学年全体でもいいのですが、できれば小さい単位の学級で、ゲストによる講話をやることにも意味があります。

> **保護者会でのトピックとゲストの例**
>
> ●子供の体と成長……養護教諭
> ●食事の献立と給食
> 　……栄養教諭または栄養士
> ●音楽と心の成長（実技指導）
> 　……音楽専科の先生
> ●子供の問題行動と発達
> 　……校長先生
> ●情報モラル……教頭先生
> ●植物の育て方……用務員さん

学級づくり実践編

15 思いのこもった通知表の書き方は？

成長への応援メッセージに

□ 通知表は絶対評価。一人ひとりの良さを伸ばそう。
□ 子供たちの学習面、生活面のメモを取ろう。
□ 文章力を磨こう。

● 通知表には先生の個性が表れる

　学期の終わりになると、毎回おなじみの光景が現れます。「通知表」です。

　単に通知表と言っても、その渡し方には先生の個性が表れます。「算数、がんばりましたね」「理科の実験のとき、輝いて学びましたね」「Oさん、1年生がけがをして泣いているとき、やさしく面倒をみてあげましたね」など、子供一人ひとりにひと言を添えて渡すA先生がいます。廊下に机を置いて「国語のこの学習のとき、君の発言がみんなを盛り上げてくれたね」「こうするときっとできるね」と言って渡すB先生がいます。

　子供たちの表情もさまざまです。成績が上がって「やったぁ」と叫ぶ子もいれば、ションボリしている子もいます。各学級をまわって覗いている私にも、「見て、見て！」と広げて見せてくれる子もいます。

　きっとあなたにも、通知表にまつわるさまざまな思い出があるのではないでしょうか。

● 通知表の作成は学校の「任意」

　通知表には、教科の成績や生活の記録などが記載されますが、法定表簿である指導要録とは異なり、その作成は学校によって形式も異なり、任意のものです。通知表を出さない学校もあるはずですが、私の歩んできた約40年間の教師生活では、見かけたことはありませんでした。

　通知表の名称は、各学校によって「通知票・通信表・通知簿・通信簿」

と呼んだり、「のびゆく子・あゆみ・かがやき・のびゆくすがた」のようなやさしいタイトルを付けたり、学校によって違います。

　名前は違っても、各学校は、子供を励まし成長の様子を保護者に正しく示す意味と、指導してきたものを正しく評価し、さらに高める意味で通知表を出しています。何より、この通知表は「よし、またがんばろう」とする子供への励ましであり、保護者と語り合えるような温かさが求められ、その表現にも配慮が必要です。

●「所見」欄は自身の仕事を計るバロメーター

　しかし、教師は通知表の作成時期になると悩みます。学習の評価である５段階評価や３段階評価といった数値的評価は、そう苦になりません。普段の授業やテスト、ノート、作品を見てきているからです。ところが、所見欄で子供一人ひとりの学習や生活の様子を文章で表すことになると、どうにも書けなくなることがあります。職員室では、「この子はなかなか書くことないなぁ」「この子の課題なら挙げることができるが、いい部分が見つからない」などと言った、「正直」な声が聞こえることもあります。

　不思議なもので、良さは見えにくいし、なかなか見えないのです。欠点はよく見えます。しかし、それは子供の責任でしょうか？　断じて違います。子供のがんばりを見ることのできなかった教師の責任なのです。つまり通知表を負担に感じず、しっかり書くことができるようになるためには、私たち教師が細かな点まで一人ひとりの子供を観察できたかによります。通知表は、教師が子供とどのように接してきたかを知るバロメーターなのです。

● 通知表の良い表現・悪い表現とは？

　では、どんなことを注意して書けばいいのでしょうか。<u>第１に、子供たちの日常生活を記録する習慣をつけることです</u>。次の２つの文を読んでみてください。

> 例文❶ ○○さんは、とても一生懸命に掃除をがんばっていました。
> 例文❷ ○○さんは、自分の場所が終わっても、他の場所の掃除を手伝い、進んで掃除に取り組んでいました。

例文❶は、ありきたりであることが分かりますか？「とても」「一生懸命」の便利な言葉でごまかしています。例文❷のように、○○さんのための文章になっていることが大切です。教師が、見たことをメモ書きでも記録しておいたことが、この文章に表れているのです。

第2に、専科教員や委員会、クラブ活動などの担当の教員、養護教諭からも様子を聞くことです。

> 例文❸ 保健委員会の活動に責任を持って取り組み、役割を忘れることはありませんでした。そのがんばりを保健室の先生も認めています。
> 例文❹ ハードル走の学習では、だれよりも多くのハードルを準備していました。その姿を友達も認めており、S君はその日のMVPに選ばれました。

例文❸のように、普段から教師同士が子供の様子について情報交換をしておくことで、見える範囲が広がるものです。

また、第3に、子供同士の認め合いを良き材料とすることが挙げられます。例文❹がそうです。毎日の学習の中でのまとめや、子供同士の感想を取り上げることで、実感のこもった内容になります。学級の明るさが見える所見になっています。たった1場面の1コマですが、忘れてしまうようなことでも、子供にとっては大事な出来事としてよみがえってくることでしょう。

● 将来を見据え、課題も取り上げる

子供たちの良さを書こうと心掛けていても、実際には、そううまくはいかない場合もあります。そんなときは、子供の課題を保護者にあり

のままに伝えてみるのも一つの手です。すると、「先生に書いていただいた通りです……。実は、家でも突然キレるので、困っているんです……」などと、これまで知らなかった保護者の悩みを聞けることもあるからです。では、実際にはどのような文章で子供の課題を伝えることができるでしょうか。保護者に前向きに課題を捉えてもらえるように、工夫してみましょう。

例文A	掃除にまじめに取り組めませんでした。	→	掃除に集中できるように声をかけてきました。
例文B	宿題をほとんどやってきませんでした。	→	宿題が出来るようになるために一緒に解き、励ましてきました。
例文C	友達に対してキレてしまうことがよくありました。	→	

　ここで、読者の皆さんに例文Cを書き換えてもらいたいと思います。どうでしょうか……。子供の課題である行動を、「どう変えたいのか」と「教師が肯定的に継続的に関わっている」ことが相手に伝わる文章。これも、教師の思いのこもった通知表ではないでしょうか。

●「期待」は成長のもと〜ピグマリオン効果を実践！

　通知表は子供たちの心身の成長の記録と言えますが、そこには教師の期待が込められているものです。そして、教師や親が子供にかける「期待」は、子供にとって目標であり、達成に向けたエネルギーにもなります。そのために、「優しい子だから、それが生かせることに……」「国語が苦手だけど、スピーチのところで活躍できるかな……」など、子供の特長をより伸ばす意識、課題を克服させるイメージを、教師は常に具体的に持っておくことが必要です。

　特に、課題の目立つ子については、「落ち着きはないけど、行動力があるから……」のように視点を変えて見たり、課題を特長と捉えたりできる意識も併せ持っておく。そうすると、教師の心にもゆとりが持てるので、常に子供の良さに目を向けることができるようになると思います。

個人情報の取り扱いに注意！

～ 情報モラルの視点からも考えたい ～

- これまで保護者に配布していた家庭調査票を取りやめた。
- 家庭調査票の保護者欄には、代表者1人だけの記載とした。
- 学級名簿に担任の住所の記載はしない。
- 学校だよりや学級通信に子供の写真を掲載する場合は、保護者の了解をとる。
- 児童の成績等のデータを私物のＵＳＢメモリに入れて、学校から持ち出さない。

　ご承知のように、児童の個人情報については、学校外に漏れることによって、悪質な事件や事故につながることもあり、その取り扱いには十分な注意が必要です。

　一方では「担任に急用で連絡したいのに、連絡方法がない（携帯電話等の番号が分からない）」「『学校の様子は学校のホームページを見てください』と言われるが、全家庭にパソコンがあるわけではない」という要望やクレームが学校に寄せられることもあって、担任や学校に関する情報を制限し過ぎて、その対応に苦慮しているケースもあります。

　「個人情報保護法」第2条第1項によれば、「個人情報」とは、生存する個人に関する情報であって、当該情報に含まれる氏名、生年月日その他の記述等により特定の個人を識別することができるもの（他の情報と容易に照合することができ、それにより特定の個人を識別することができることとなるものを含む）です。つまり、「個人に関する情報」が、氏名等と相まって「特定の個人を識別することができる」ことになれば、それが「個人情報」となるのです（2017年の改正法によって、個人識別符号：パスポート番号や指紋も個人情報に含まれることになりました）。

　学校が児童の個人情報を扱う場合には、特に次のことが大切です。

❶　児童個人の成績を安易に学校だよりや学級通信などに載せない。
❷　児童の成績を持ち出したり、私物のパソコンで管理したりしない。
❸　情報モラルに関する学習を授業や総合的な学習の時間に導入する。

新任、でもプロの教師！

教師力スキルアップ編

第3章

16 やる気が出ないときの対処法は？

初任1年目の気持ちを大切に

□悩んでも大丈夫。
□先輩・同僚教師から貪欲に学ぼう。
□力の限り、一歩を踏み出そう。

● 初任者は1年目をどんな思いで過ごしている？

　どれだけ大学で学んできても、子供の目の前に立つとうまくいかないことが多いものです。それは教職経験者でも同じです。子供はいつも同じではないからです。授業がうまくいかない、クラスの人間関係が構築できない、保護者との向き合い方に困惑する……教師の悩みは尽きません。まして、学校生活に慣れない初任者にとっては大変な毎日です。

　とはいえ、毎日を暗い顔で過ごしていると、つらくなるばかりです。前向きに歩きたい。そう願って教師を続けたいものです。

　教師になって1年目の思いを8人の教師に書いてもらいました。その一つ一つの思いをあなたはどう受け止めますか？

● 子供を見る楽しさ

　担任として勤務して、教師という仕事の楽しさは、子供のがんばる姿を見ることだと思いました。3年生はけんかをしたり、一度で言うことが通らなかったりしますが、子供たちはみんな「自分をもっと見て」というような態度で近寄ってきてくれます。

● 授業こそ全て

　学生時代に、学校の先生はいつ子供と直接的な関わりを持ち、学力以外の人間性を育てているんだろうと疑問に思っていました。しかし、教師になってみると、実際にはそれは大きな間違いであり、学校生活の大

半を占める授業こそが、教師と子供たちとの関わりの場、関係を築いていく大切な場であるということを実感しました。自分が授業の準備を熱心にしていたときと準備不足のときとでは、子供の反応が全く違いました。

● 教材研究の大切さ

学級がまとまらなくて悩んだことが多々ありました。そういうときは、授業もうまく進みません。途中で中断したことが何度もありました。しかし、そのようなとき、授業づくり、教材研究を自分がしっかりできていたかといえば、全くと言っていいほどできていなかったと思います。自分がしっかり準備したときは、子供も授業に積極的になってくれました。子供は本当に素直だと思います。

● 自分の持ち味を大切に

授業をうまく展開することばかり考え、自分の持ち味が発揮できていないように思いました。自分の学級にふさわしい教材を選び、それをつくり上げるのは自分なのです。他の先生の手法をそのまま使ったり、どこかの指導案を流用したりすることは、自分の学級の子供には必要ないことだと感じました。ただ、そういったものに自分が触れたり、調べたり、集めたりすることを進んでやることが、今の自分に大切なことだと気付かされました。

● 仲間が大切

正直、一年分の力を使い果たしたような気がします。疲れました。仲間の大切さを感じました。

● 学級経営＝授業である

子供が学校で過ごす時間で最も長いのは授業です。学級が楽しくなかったり、授業がつまらなかったり、分からなかったりしたら、子供にとってすごいストレスです。それでは子供も荒れます。子供に対し、「あ

の子はひどい」とおっしゃる方もいますが、私は強い違和感を持ちます。「悪いのは自分の授業であり、学級経営だ」と考え、学びたいと思います。

● 子供の発言をよく聴くこと

　子供が見えない、まとまらない、そんな課題を残して１学期を終えたと反省していました。よくよく考えると、授業での発問をよく練らなかったり、子供の発表をうまく取り上げられていなかったりしたことが、その原因なのだと痛感しました。

●「息してるだけ」から「生き生き」へ

　１学期を振り返り、頭の痛い思いでした。きっと私は「息してるだけの先生」だったと思います。「生き生きしている先生」へ向けて、多くの課題がありますが、少しずつクリアしていけるよう努力していきたいと思います。今の自分に足りないことは、子供を「褒めること」です。私にしかできない接し方、授業が少しずつできてくればいいなぁと、いろいろ考えています。

　この８人の教師の素直な思いを受け止め、子供とともに成長してほしいと先輩教師として願っています。子供たちとの関係性を育てることの必要性は分かった。では、どうすればうまくいくのでしょうか。授業を楽しくするにはどんな手立てを講じればよいのでしょうか。そんなときは同じ道を歩んできた先輩や同僚から学ぶのが一番です。次のようなことを考えてみてください。

先輩・同僚から貪欲に学ぶ3つのポイントとは？

❶ 他のクラスを参観させてもらうこと

　先輩から教えに来てくれることはまずありません。多くの先輩は「もし、悩んだときはいつでも教えるよ」というスタンスで接してくれます。学級経営でも授業でも、自分から問題意識を持って先輩の授業等を参観させてもらうことです。自分から学ぼうとすることこそ、問題解決の第一歩なのです。

❷ 疑問を素直に、気になることは必ず聞くこと

　「聞くは一時の恥、聞かぬは一生の恥」と心得て。

　先輩教師は、これまでの積み重ねの中で「知恵」と「技術」を身に付けています。納得するまで周りのクラスを訪問し、納得するまで質問しましょう。嫌がられるほど質問したいものです。教師としての真摯な姿勢こそが、これから伸びるあなたに必要なことです。

❸ 見ること、まねること

　子供は、例えばノートの取り方一つ知りません。学校生活に限らず、社会生活でも学んで初めて知るものです。初任者も教師として歩みながら自分を成長させていくものです。同僚、先輩教師を見て、まねながら育っていくのです。

　最初に紹介した８人の初任者の声は、どれも深刻ですが前向きに踏ん張ろうとする若い情熱にあふれています。きっと、教師を志した者の本質なのだと思います。始まりが順風でなくても、まずは力の限り、教師としての一歩を踏み出してみましょう。

17 教師がジャージで過ごしてはいけない理由は？

変身！時に詩人、科学者、画家に！！

□場面に応じた服装を心掛けよう。
□子供たちの学習意欲をかき立てる工夫をしよう。
□子供たちの夢の具体像になろう。

● 子供たちの魔法の言葉

A先生は教師歴20年のベテランです。1年生の担任はもう10回目となります。入学式に着飾った服装で子供を迎えたのに、それが終わるとクタクタのジーパン姿になりました。よく見ていると、出勤時もそのジーパン姿です。

数日後、初めての授業参観の日がやってきました。いつものクタクタのジーパン姿から、清潔感のある服装を見た子供たちの第一声は「きょうの先生、きれい！」。

この発言を聞いて、この先生は何かを感じたのでしょうか。そう、20年の経験があるこの先生は、この日を境にして出勤に際してはジーパン姿が消えました。朝、出会う子供たちも「きれい！」と声をかけます。嬉しかったのでしょうね。子供の声は魔法の言葉になったのです。

子供たちは先生をよく見ています。まして、学校に初めて入った1年生にとって先生はあこがれの存在。とても輝いて見えるのです。教師の服装や立ち居振る舞いは教育の大事な要素です。何よりの環境です。

● 物的環境も大事だが人的環境も

小学校、中学校を問わず、体操着、いわゆるジャージで授業をしている先生を見かけることがあります。子供たちと体を動かすことの多い小学校の担任や体育の先生、また、清掃時のジャージ着用の必要性は理解できます。

しかし、これ以外に日常的にジャージを着用している先生方が意外と多いのですが、その意図が分かりません。もし、理由があるとすれば、動きやすいということでしょうか（そういう私も教師になって最初はジャージで一日過ごしていました。周りがそうしているのを見てそれでいいと思っていました。だから、初任地の学校はあらゆるものの出発点になるのです）。

　昔から、「環境は人を変える」あるいは「環境が人をつくる」と言われ、教室の壁面を子供の作品で飾ったり、教卓に花を飾ったりと先生方は、クラスの環境を整えることに一生懸命です。

　しかし、環境を整えるということが、物理的な面だけで終わってしまい、人的環境を忘れているように思えてなりません。その例がジャージ着用です。男性であれば髭を伸ばして不潔な格好をしたり、女性であれば、肌を過度に露出したりするのも望ましくありません。

● 数学者に、画家に、科学者に

　教師は、場面に応じて服装を使い分けるべきです。算数の授業を行うときは、数学者らしい服装が望ましいのです。きちんとスーツを身に着け、板書用のコンパスや定規を持って登場することで、子供たちを「さあ、算数の授業が始まるぞ！」という気持ちにさせることができます。

　図工の時間に、絵具や紙くずなどで汚れてもいいように作業用の前掛けを着用して子供の前に立てば、絵具が飛び散るほどに、存分に作業ができるというメッセージを与えることができます。カンナやドリル、ナイフなどを使っても、大胆に作品を作れるというメッセージにもなるでしょう。

　理科の時間に白衣を着用して現れれば、それだけで科学者に見え、子供たちの学ぶ意欲も構えも違ってくるはずです。体育の時間の体操着姿の教師は、子供に元気と意欲を与えるものです。

　別の例えで分かりやすいのはゴルフです。ゴルフは打ちっぱなし場でさえ、きちんとした格好（服、ゴルフシューズ着用）でなければ入場を断られるところがあります。当たり前ですが、場に応じた服装をすると

いうことは、子供に言葉で伝えなくても、外見で伝えることができるということがあると私は思います。

こんな話を聞きました。「人的環境」をしっかり整えている学校では、外部のお客さんは、先生の服装を見るだけでその先生の専門教科が分かると言います。教師一人ひとりが、自分の役割をしっかりと認識し、ふさわしい服装をする。こうすることで、学校全体の雰囲気が引き締まっていくのです。

● 夢を与えるために

教育の大きな仕事の一つは、子供に夢を与えることです。夢を言葉で表すよりも、具体的に目に見えるように表現する方が、効果的なことは誰でも知っています。だとすれば、教師は子供たちの夢の具体像になればいいのです。

いつでもジャージ姿では、子供たちに決して夢を与えることはできないのです。私たちが本当に子供を愛するなら、子供たちに夢を語り、その夢の具体像を演じなければならないのです。

だから、教師は時には詩人になり、時には科学者に、画家に、音楽家にならなければならないのです。

言葉だけで夢を追えと言っても、子供たちには決して伝わりません。私たち自身が夢を持ち、その夢を演じてみせる心が子供を変えていくのです。そうすることで授業も変わるはずです。

繰り返しますが、場に即した服装で授業に臨んだとき、子供たちの学ぶ意欲が違ってくるはずです。

● 子供たちは担任の「筆跡」すらまねするようになる……

みなさんは、友達と遊びに行くとき、友達のお祝いの会に参加するとき、その服装を考えますね。それはどんな場面でも同じです。子供の前に立とうとするときは、さらに慎重に考えることです。

１年間が過ぎると、子供のノートの文字は、担任の先生の文字に本当によく似ていきます。子供たちにとって、教師の姿は、その後の人生を

左右するほど大きな影響力があるのです。読者のみなさんも自分の子供時代を振り返れば、人生を左右された恩師に心当たりがあるのではないでしょうか。ぜひ、それを思い出して、教壇に立って欲しいと思います。

18 教師は職人？

子供たちから学び続けることが教師を成長させる

□自分の技量を高める努力をしよう。
□積極的に子供たちの反応を感じ取り、心理を読み取ろう。
□先輩教師や子供を見て、聞いて、学び続けよう。

● 教師は学者でいいの？

　教師の中には、教師とは学者で、知識を子供たちに注入することが第一の仕事だと思っている方が意外と多いものだから、ついついこのような、皮肉めいた問いかけで始めてみました。知識を持っていれば、良い教師になれるのでしょうか。確かに知識は必要です。考える大事な武器になるのですから。

　では、教師は学者なのでしょうか。しかし、教師は子供たちとの関係が主たる仕事と言えますから、知識を多く持つことだけに終始していたのでは、方向違いの指導をしてしまう場合もあります。

　学校教育法では、「教諭は児童の教育をつかさどる」とあります。このことから、教師の仕事は知識を与えるだけではなく、子供たちの人格の完成を願うという、大きな使命があるのだと言えます。なぜなら、教育基本法・第１条にあるように、教育の目的は、人格の完成を目指しているからです。

● 職人とは何か？

　知っている職人の職業を挙げようとすると、どんな人でもたくさん挙げることができるでしょう。それらの職人は、親方にいちいち手取り足取り仕事を教えてもらうものでしょうか。はじめのうちは礼儀作法や仕事の準備、後始末だけを教えられることもあると聞きます。そのうちに、失敗を繰り返しながら、次第に自分なりの技術を少しずつ身に付けてい

くということもあると聞きます。そして10年も経過すれば、いっぱしの職人になっていきます。

　職人が、親方からの指導や自らの修行によって身に付けたものは、終生の技として生き続けていくものです。それでも、世間では一人前だと言われる職人たちでさえ、「まだまだ、半人前です」という本人の言葉もよく聞きます。このことから、職人は生涯学び続け、技を磨き続けていくことが大事だと教えられます。立派な職人であればあるほど、謙虚にそのことを問い続けているとも言えます。

　中学校を卒業して大工の弟子や、塗装工の弟子となった教え子たちのその後の姿を見てみると、10年も経つと立派な大工や塗装工になっていることに驚かされることがあります。

● ところが教師は！

　では、教職について10年を経過した教師に、驚くほどの進歩が見られるでしょうか。中には確かに驚くほどの進歩を示す教師もいますが、初任当時と何ら変わらないままに過ごしている教師も数多くいるのが現実です。なぜ、変化（進歩）が見られないのでしょうか。それは、授業などを通して子供たちの姿に日々新しい課題を発見し、その課題の解決に体ごとぶつかり、自分の技量を高めようとする意識に欠けているからにほかなりません。

　大工さんは材木から学ぶと言われます。陶工は土から学び、農業従事者は作物から学びます。（法隆寺の修復などを手がけた、宮大工の西岡常一氏の著作『木のいのち木のこころ』を読むとよく分かります。）

　では、私たち教師は何から学び続けるのでしょうか。言うまでもないでしょう。子供たちから学ばなければならないのです。でも、実際にはどうでしょうか。授業についてこられない、分からない子供がいても知らんふりをしたり、自分の知っている知識だけを黙々と話したり、いじめがあっても、目をつぶって見ないふりをしてしまう……そんな教師にはなっていないでしょうか。そんな教師を子供たちは信用しません。教師の声も子供には響きません。

共に学び合う教師の姿が、子供たちを変えていくはずです。子供たちの教師に対する反応は多様です。その反応を敏感に感じ取り、子供の心理を読み取り、欲求や期待にどのように対応するのが最善かを常に追求し続けることがなければ、本物の教師には決してなれないのです。

● 見て、聞いて、学び続ける

授業が平板でなく、緩急のある、緊張と弛緩を織り交ぜた、子供たちの心を汲み取った魅力あるものになるのは、授業者の技によるものであって、決して授業者の知識量によるものではありません。授業の上手な教師は、独自の技を備えているのです。技は聞いて分かるものではありません。技は盗むものです。授業上手な教師の技を手がかりに、子供たちから学び取りながら、教師としての力量を高めていくことが必要なのです。

あなたも、学び続けて授業上手な教師になってほしい。

若い教師にとって学校は出会いの場としても大きな意味を持ちます。そこに集う教師たちが、教師としての技を磨くことができるような学び合い、語り合いの学校になっているかどうかが、教師の力量を左右します。

教師は学者のように学び、職人のように子供に触れながら学び続けるとき、確かな指導と豊かな指導ができるのです。時に学者であり、時に職人であることが、教師には求められます。

第3章　新任、でもプロの教師！

教師力スキルアップ編

授業で子供の心をつかむには？

教師の最も大切な仕事は「授業」

□一人の人間として子供に向き合おう。
□自分を支えてくれる周りの人々に感謝しよう。
□子供たちとの遊びもコミュニケーションの手段にしよう。

● 子供と気持ちを共有する

「一人ひとりの子供を見つめ、子供の声に耳を傾けることを大切に」とよく言われます。では、一人ひとりを理解するためには、どうすればいいのでしょうか。私は「子供と同じ目線に立つこと」「子供と気持ちを共有すること」を常に意識しています。もちろん、教師と児童という立場を意識し、線引きをする必要もあります。実際、大勢の子供たちの前に立って話していると、自分のほうが上位のような錯覚に陥ってしまうこともあります。また、自分ができることに関しては、「どうして、こんなことぐらいできないのだろう？」と思いがちです。そうすると、子供たちに「こうしなさい」と、教師の考え方を押しつけることになってしまう場合もあります。

私は、何かに取り組むときに、子供たちの選択肢を増やすことが重要だと考えています。さまざまな選択肢があれば、子供たちも自分なりになんとか自力で乗り越えられると思うからです。

初任時代、子供たちと１年間を過ごした中で、嬉しかった言葉があります。クラス全体に向かって厳しく叱ったある日、たまたま保護者に連絡する機会がありました。「先生、子供から聞きましたよ」と保護者に言われ、「今日も叱ってしまいました……」とうなだれていると、「先生は厳しい。でもね、私たちのことを考えて叱っているんだよ。先生の言葉は心を柔らかくしてくれるんだよ」と子供が言ったそうなのです。とても嬉しい言葉でした。自分も一人の人間として、子供たちと向き合う

大切さを実感しました。

● 感謝を持って周りとの関わりを

　小学校教諭として正式採用される前に１年間、少人数指導講師を勤めたことがあります。大学を卒業したばかりの私は、プライドだけは立派でしたが、子供たちとのコミュニケーションは非常に苦手でした。自分一人で突っ走り、悩んだ苦しい１年でした。正規教員としての採用が決まったとき、その経験から２つの目標を設定しました。それは「思いを言葉で伝えること」「相手の尊敬できる部分を見つけ、謙虚に学ぶこと」です。

　非常勤から常勤になったことで、誰がどのような仕事をしているかが見えてきました。そうすると、教壇に立たずとも、裏で一生懸命支えてくださる方々がいることに気がつきました。そんなある日、思い切って用務員の方に「いつも掃除をしてくださって、ありがとうございます」と言うことができました。なんだか照れ臭かったのですが、それから会話をすることが増え、伝えてよかったと思いました。何かをしていただいたら「ありがとうございます」と感謝の気持ちを伝えること、簡単で当然のように思えて、これが意外と難しいのです。

　また、何年も経験を積んでいる先生方からは、学ぶことがたくさんあり、そのような先輩から「教えたい」と思われる人間になる必要があることも実感しています。もちろん、自分の中に「こうしたい、こういう子供を育てたい」という信念はあります。しかし、まずは感謝する気持ちが大切です。

　先輩は、今までの経験から良いと思うことを教えてくださるのだから、それを否定から入ってはいけないと思います。もし、自分の考えや価値観と異なるのであれば、「そういう考え方もあるのだな」と思い、参考にすればよいのです。その後に、印刷してくださったプリントや、教えてくださった指導方法を取捨選択しても問題はありません。それよりも、まずは自分のために指導してくださったことに「ありがとうございます」と感謝することが大切だと思います。

●「遊び」が有効な手段になるのは

　子供とのコミュニケーションをとるうえで、「遊び」は非常に有効な手段だと思います。リーダーシップを発揮している子供、慕われている子供、友達に優しい声掛けをしている子供……、授業中とは異なる意外な一面を垣間見ることがあります。また、同じ立場で遊びに参加することで、「秘密の隠れ場所」や「穴場」を教えてもらえたり、運がよければ「ぶっちゃけ話」というものも聞けたりします。子供たちと情報や秘密を共有することで、ぐっと距離が縮まることがあります。そうすると、こちらも徐々に、子供に対する印象が変わってきます。

　もう１つ「遊び」の効果を挙げるとすれば、子供から尊敬・羨望される絶好の機会だということです。外遊びであれば、ドッジボールや鬼ごっこが人気です。安全を確認したうえで、本気でボールを投げたり全力で走ったりする一瞬があると、「先生、すごい！」という歓声が上がります。教室の中での遊びであれば、折り紙で緻密な折り方をしたり、クイズに全問正解したり、さらには雑学まで付け加えたりすると、子供は目を輝かせて「すごい！」と喜びます。大人なので当然という部分もありますが、他のクラスの児童に「○○先生はね、……」と自慢してくる姿を見かけると、なんだか嬉しくなります。

● 授業でこそ、子供の心を

　しかし、児童と一緒に遊び、触れ合うことも大切ですが、単に「遊んでくれる先生」では児童の心をつかむことはできないと感じています。教師の最も大切な仕事は、授業です。いくら同じ目線になり毎日遊んだとしても、それは「友達のような楽しい存在」になるだけに過ぎません。授業でしっかりと子供の心をつかんで、初めて「遊び」が有効な手段になるのだと思います。これは、自分の心掛けでもあり、無我夢中の初任１年間が過ぎたときに感じたものです。

第3章　新任、でもプロの教師！

教師力スキルアップ編

子供の声を聴いている？

普段から教師の「聴く態度」を大切に

□子供たちと関わる機会を増やそう。
□教師の態度は子供たちもよく見ていると自覚しよう。
□よく聴いて、子供の学習意欲を高めよう。

● 授業中発言するのが苦手になりました……

　クラスの子供が書いた日記に、次のようなことがありました。「5年生になってから、授業中、発言するのが苦手になりました……」。よく発言する子供だと思っていたので、詳しい事情を直接本人に聞いてみました。すると、「なんか雰囲気がいや…。聞いてくれない人がいるし…」ということでした。生徒指導上の問題があるわけでもなかったのですが、それを聞いたときは私自身ショックでした。クラスにそういう雰囲気をつくってしまった教師に責任がある、と考えざるを得なかったからです。少なからず、このように感じている子供がほかにもいるように思えました。

　よくよく考えてみると、人の話を聞くことの大切さを、私自身が子供たちに伝えてこなかったからではないだろうか、と反省しました。言葉で「こうしなさい」と伝えるのは簡単ですが、まずは教師が実践する必要があります。子供が発言したことを「真剣に聞こう」という意識が欠けていたように感じました。十分に話を聞いてもらえていないと感じると、発言するのも嫌になるし、そもそも授業に対する意欲が低下してしまいます。話を聴くということは、子供の気持ちも大切にしなければならないことだと痛感する出来事でした。

● 子供のそばで、子供の輝きを

　子供の声を聴くのは授業中だけではありません。学校生活一日を通し

て、子供と関わる機会はたくさんあります。授業で子供の声を大切にするには、普段から意図的に子供たちとの関わりを持つ必要があります。あまり話さない子供が、授業になると急に話すようになることはまずありません。子供たちとの触れ合いを通して、信頼関係を築き上げることで、お互いが授業に臨みやすくなるものです。

　今でも私は、「休み時間には、子供たちと遊びましょう」と先輩の先生から助言を受けることがあります。一緒に縄跳びをしたり、鬼ごっこをしたりして遊ぶことにより、より子供たちと打ち解けやすくなります。

　教師は休み時間に宿題の点検をしたり、連絡帳の対応をしたりとなりがちですが、「この時間は子供と遊ぶ」と決めて、子供たちとの時間を大切にしたいものです。休み時間に子供たちと遊んだ後の授業は、なんだか子供も自分も、生き生きと進められたということが何度もありました。子供と教師の距離が遠いと、子供は話すことをためらってしまうし、教師もまた、やりづらさを感じてしまうものです。普段からの心掛けが大切です。

● アンテナの感度を上げて

　「子供の声をしっかりと聴いて授業をしたい」とは、教師の誰もが思うことです。でも、それはいきなりできるようになることではないと、あるとき実感しました。

　先輩の授業を参観させていただいたときに、隣同士で考え方を発表し合う時間がありました。先輩の先生は、子供たちに話し合いをさせながら、その後に行う全体発表での指名計画を立てつつ、子供同士のやりとりを聴くことに非常に力を入れていました。そして、子供の意見に対して具体的に「ここがいいね」「ここがすてき」などと、机間指導をしながら褒めていました。褒めてもらった子供はとてもうれしそうでした。その後、クラス全体で交流したときには、どの子もとても生き生きと発言していました。

　あたりまえのことと思うかもしれませんが、このような教師の気を配った行動の積み重ねが、大切なのではないでしょうか。自分の意見を

先生がしっかりと聴いて、認めてくれると感じることで、子供の授業に対する意欲も高まっていきます。また、そうした先生の様子は周りの子供たちも見ています。「先生、私も！（注目して！）」と思わせるように、子供の意欲を喚起したいものです。

● 子供にとって先生は一人

> 先生にとっては、1対35かもしれないけど、子供にとっては、1対1なんだよ。子供一人ひとりの声を大切にする教師になってほしい。

　これは初任者のときに、指導教官からいただいた言葉です。今もその言葉を大切にして、日々、子供たちと向き合っています。でも、これを成し遂げることは容易ではありません。どうしても、よく指導する子や目立った行動をする子と接することが多くなってしまい、その中間にいる子供との関わりを、忘れがちになっていることがあります。ときどき、どの子供にも平等に関わりを持っているだろうか……？　と自問してみることが大切です。

　子供が安心して学ぶためには、教師が子供たちと真剣に向き合い、子供が「話をしっかりと聴いてもらえる」と感じられるような環境をつくることが重要です。そして、話を聴くことの大切さを、教師自らが態度で子供たちに示すのです。授業の主人公である子供たちが、意欲的に授業に参加できるようにするために、普段からの教師の「聴く姿勢」を大切にしていきたいものです。

第3章　新任、でもプロの教師！

教師力スキルアップ編

21 あなたは子供が好きですか？

教師の見る目が子供を変える

□想定外でも、子供の意見を肯定的に受け止めよう。
□子供の良いところを見逃さない。
□子供の自尊感情を高めよう。

● どんなときでも子供を好きになる努力を

「教師は子供が好きでないとやっていけない」とか、「子供が好きだから教師になったのだろう」とよく言われます。

みなさんはどうでしょうか。自信を持って「子供が好き！」と答えられる人もいれば、そのように即答できない人もいるかもしれないですね。私自身、クラスの子供の問題行動に悩んでいたときは、子供が好きになれずに悩んだものでした。

昨今、母親ですら、「子供がかわいくないと思うことがある」と答える人が中にはいるようです。そんな世の中にあっては、教師もまた「指導がつらい」、ときには「子供たちを疎ましく思う」と感じてもおかしくはありません。

しかし、教師という仕事に就いたからには、どんなときでも子供が好きになる努力をしなければならないのです。

● 子供の意見を授業で生かしていますか？

人は往々にして、自分の意図と異なる言動を嫌うものです。

私も、教師になって数年間は、想定外の子供の意見に対して、無意識のうちに否定的な態度を表してしまうことがありました。

そんなときに、ある先輩から次のことを教わったのです。

「日々の授業は、予期しない意見をどう生かすかの訓練の場である」

つまり、教師は子供たちからさまざまな意見が出てくることを前提に

して、計画的かつ、反射的に、交錯する意見を交通整理することを楽しむのです。このように考えることができれば、想定外の子供の意見を好意的に受け止められます。さらに、さまざまな意見を「授業のどこかで生かせないかな？」と積極的に活用しようと思えるようにもなるものです。

● 問題なのは、子供より「教師の見る目」

　自分のクラスにいるＡ君の問題行動に嫌気がさし、少しＡ君を避けていたことがありました。「あんな子は、もう知らない…」と。

　そんなときに、研修先で「あなたが諦めたら、Ａ君はおしまいね」と先輩の先生に言われました。その言葉で目が覚め、自分の無力さから目をそらさずに、Ａ君のことを授業で活躍させたいと思うようになりました。

　しかし、具体的にどうしたらよいのかが分かりません。そこで、校内の特別支援教育コーディネーターに相談すると、次のような言葉をもらいました。

「良い行動（発言）が出たら、すぐに褒めるのよ」

　それからは、来る日も来る日もＡ君の授業態度に腹を立てながらも、学習内容に関係のある発言が出るのを待ちました。

　すると、ちょうど保護者の授業参観の日に、その機会が訪れました。それはＡ君が比較的得意としている外国語活動の授業のとき、単語の意味を問う場面で、Ａ君がつぶやくのが見えたのです。「ここだ！」と思い、Ａ君を指名して発表させました。そして、みんなの前で褒めたうえに、授業後も保護者の前でも褒めに褒めました。

　不思議なことに、こうしてＡ君の授業での発言を待っている間は、Ａ君のことを嫌うというよりも、楽しみながら待つ時間に感じられたのです。しかも、Ａ君のことが前より好きになったのです。ちょっとした教師の意識の持ち方の違いで、子供の「良さ」に目を向けられることに気が付くことができました。

●「おもしろい考えだね」が授業を変える

通知表では肯定的な書き方をしていても、普段は子供を否定的に見てしまっていることはないでしょうか。

否定的な見方	→	肯定的な見方
消極的	→	思慮深い、落ち着きがある
うるさい	→	活動的、積極性に富む
落ち着きがない	→	好奇心旺盛、主体性がある

このように、子供の姿を肯定的に見る（評価する）ことは、教師が子供を好きになるきっかけとなります。

また、授業中の子供の意見を、無条件に受け止めるくらいの覚悟を持っておくとよいでしょう。そのときにお勧めなのが「おもしろいね」という評価の言葉です。答えにつながらない意見、見当違いの意見に対しても、その子を傷つけずに肯定的に評価することができます。

「おもしろい考え」「おもしろい見方」「おもしろい表現」などと言い方を変えて、ぜひ使ってみてください。

● 教師の「好き」が子供の「好き」

教師はどんな子供に対しても愛情を持ち、その意見を肯定的に受け止めながら授業をつくり上げることが、子供たちに広く優しい心を育むことにもつながっていきます。子供たちは自分が教師に認められていると感じ、自信を持って安心して学ぶことができ、いわゆる自尊感情（自己肯定感、自己有用感）をもつことができます。自分が大切にされ、自分自身を大切にすることで、友達や自分を取り巻く人々を思いやることにもつながるのです。

● 好きだからこそ「叱る」ことができる

　指導には2つの側面があります。「褒める」ことと同様に「叱る」ことも大事です。では、「叱る」と「怒る」の違いは何でしょうか？　ある指導教諭は、紙に漢字を書きながら「『叱る』は、口で変化させると書きます。言葉によってその人を変化させようとすることです。『怒る』には、心が入っています。感情的になってしまうということです」と説明されました。

　「叱る」という言葉には、子供のことを思って指導する、諭すという意味合いが、「怒る」という言葉には、自分の感情にまかせて一方的に腹を立てる印象があるように思います。子供への指導では、「怒る」ではなく、意図的に「叱る」という言葉を選択すべきなのです。

　子供が友達を殴った、忘れ物をした、掃除をさぼった……などと、指導の場面は絶えないのが学級です。

　失敗は過去の事実であり、取り返すことはできないのです。それなのに、教師は重箱の隅をつつくように、子供を責めることがあります。子供は一体、自分は何が悪かったのか、それすら分からなくなっていることがあります。

　出口の見えない、一方的な教師の話が永遠に続くような叱り方は、最悪な叱り方です。たとえ失敗をしても、子供が「今後はこうしていこう」と自ら思えるようにしたいものです。時には一緒になって解決策を考えることも必要かもしれません。ただ、あくまでも子供の内発的な意欲を大切にしたいのです。自分が納得して、自分から行動したことでなければ、次には繋がらないのですから。

　教師を目指し、教師になった私たちは、子供が好きになり、子供をより良き人間にしたいと願い続けることが何より重要です。そう信じて、日々、子供を好きになる努力を教師みんなで重ねていきたいものです。

22 自信をもって、でも謙虚に実践するには？

すべては子供のために！！

□ 情報の取捨選択が大事。
□ 学校外の研究会にも参加しよう。
□ 自己分析が成長のカギ。

●「中途半端な自尊心が最も厄介だ」

　これは指導教諭が漏らしたひと言です。ハッとして、思わず手を止めてしまいました。奇しくも先日、ラジオから同じ言葉が聞こえてきて、またしても、ハッとさせられました。

　この言葉を聞いてから、若手と呼ばれる教員を観察することにしました。さまざまな人と話をするうちに、なるほど……と思うところがありました。一部の教員には、「言動不一致」という共通点があります。彼らが話すのは自分の思いばかり。原因や結果が不明瞭で、残念ながら具体性に欠けています。要は、大言壮語は吐くが、実践するに至っていないのだと、私は感じました。自信は実践からしか生まれません。机上の空論ばかり唱えても、説得力がないのです。

　私たちは人間を相手にしています。相手は常に変化しており、「去年はうまくいったんですけどねぇ……」なんて、通用しません。さまざまな子供たちに対し、手を替え品を替え、どのような実践を試みてきたのかが重要です。

●「謙虚さ」とは

　私が考える「謙虚さ」とは、周囲に対し、ぺこぺこと必死に頭を下げている社会人には当てはまりません。「おっしゃるとおりです、ハハハ……」と愛想笑いをする社会人には嫌悪感を抱くこともあります。人それぞれ事情を抱えているのだとは思いますが、それは「謙虚」なのでは

なく、ただ単に「従順」なだけだと思うのです。「従う」には、「逆らわない、後からついて行く」という意味があります。さらには「相手の言うなりになる」という意味も含まれるそうです。

　教師になった理由は人それぞれあると思いますが、自分の中に一本、芯が通っていなければ、この仕事はできないと思っています。それも、ちょっとやそっとの衝撃では折れない、「これだけは譲れない！」という強い芯です。その一本の芯に、私たちは肉付けをしていく。このとき、初めてその人の「謙虚さ」が表出してくるのではないでしょうか。

　若手教員は、先輩に教えていただくことが多いものです。このとき、「おっしゃるとおりです、ハハハ……」で済ませてはいけません。相手の言い分を全面的に認めてしまうからです。もちろん、有効だと感じる実践もあります。そのときは「そういう考えもあるのですね」と相槌を打ち、頭の中で情報を取捨選択します。要は、自分にとって有益な情報を手に入れればよいのです。

　私は、これこそが「謙虚さ」だと思っています。先輩教師が教えてくれた指導法について、「やってみますね」なんて言うだけで、適当にお茶を濁し、結局、実践しなかったり、「勉強になります」なんて褒めちぎっておいて、授業に全く反映されていなかったりとか、無礼にも程があります。何に対しての無礼か。もちろん、先輩方に対してもですが、教育にまっすぐに向き合っている他の教員に対しての無礼です。

　「謙虚さ」は、ゴマすりやご機嫌取りではありません。自分自身を高め、さまざまなものから学びを得ようとする、ひたむきな姿から滲み出てくるものです。「謙虚」は「真摯」に似ている気がします。

● お茶会からの脱却

　教師としての誇りを持ち、自分の思いがあり、強い芯が一本通っていることが重要だと述べました。しかし、一方でそれが「独りよがり」になってはいけないと、常に考えています。自分の技量を高めたり、知識を増やしたりするためには、客観的な視点で評価されることも必要です。例えば、学校外の研究授業や研究会などに、積極的に参加してみるとよ

いと思います。

　大学時代、幸運にもさまざまな研究会に参加することができ、その楽しさを見いだしました。研究会では、授業者の評価すべき点や課題点が明確にでき、参加者からアドバイスやヒントをもらえます。うまくいけば、改善案や全く新しい案を検討することもできます。

　こうした研究会において、なぜ必死になって、みんなで授業内容や教育実践を検討しているのかといえば、すべて子供たちに還元するためです。それ以外の余計なものは挟む余地はないもの、また、挟むべきではないと思います。

　自分の授業実践について、他の教師から客観的に評価される機会を重ねるごとに、自己評価の視点も洗練されていくものです。余計なものがないので、自分の課題がはっきりと見えてくるようになります。「頑張ったのに……」なんて、私情は挟まなくなります。プロの教師として頑張るのは当然。問題はそこではなく、「どのように」頑張ったのか、「なぜ」成功・失敗したのかが大事なのです。

　ある研究会に参加したとき、互いにホンネを語らない、単なるお茶会のような雰囲気に、愕然としたことがあります。より良い授業研究、実践につなげるためには、徹底的に討論する必要もあります。大学時代、討論会で出会った建築学の教授のひと言が、今も私を支えています。

　「愛想笑いとごまかし笑いは必要ない。欲しいのは、建設的な意見だ」。

● ひたむきに、一歩ずつ

　先輩の良いところを取り入れ、試行錯誤しながら実践していく中で、少しずつ自分に自信がついていきます。それは、自分の中で「こういうのはどうだろう」「こうしてみたい」という具体的な意欲につながり、自分の実践として表出していきます。意欲が出てきたら、子供たちのために一生懸命考えたことを、恐れずに実践すればいいのです。たとえ失敗しても、先輩や同僚教師の客観的な意見や評価を参考に、徐々に改善していけばいいのです。

　あるときは自分の授業力が及ばないことに悔しくて、また逆に、評価

されたのが嬉しくて、次の実践への意欲が湧いてきます。そういう地道な努力をしていって、初めて「自分の実践」になるのだと思います。

「『自信』は、やがて『自身』へと変化していく」という恩師の言葉があります。自信をもって取り組んでいくうちに、自分の実践が確立していって自分のものになるという意味が、実感を伴って分かるようになりました。

教師同士、お互いが同じ土俵に立ち、真摯にぶつかり合う。そういうひたむきな教員が一人でも増え、一緒に仕事をすることができたら楽しいと思います。

㉓ 子供に達成感を味わわせてる？

「できない」を「できる」に

□子供にはまず、安心感を与えよう。
□子供たちが試行錯誤できる手助けをしよう。
□教師の努力と子供たちの努力は比例するものと心得よう。

● ひとつ上の喜び

　恩師から授かった言葉はたくさんありますが、その中でも特に納得したものがあります。「子供たちには、常に、ひとつ上の喜びを味わわせたい」という言葉です。「ひとつ上」とはどのような喜びか、自分なりに考えてみました。

　居酒屋へ行ったとき、どんちゃん騒ぎの中で訳も分からずひたすら飲む酒……周囲の雰囲気が影響し、楽しいと感じるかもしれないが、これはひとつ上の喜びではありません。心を開いた同士や友人と、ああでもないこうでもないと語りながら朝まで飲む酒……他人から見れば地味かもしれないが、これは至上の喜びです。すなわち、ひとつ上の喜びとは、一瞬で過ぎ去ってしまう快楽ではなく、「時間が経っても心に残るもの」という結論に至りました。

●「できる」が自信に

　２年続けて、同じクラスの子供たちを担任したときのことです。いわゆる「持ち上がり」でクラス替えはありませんでした。私は年度始めに、自身の目標として、クラスの子供たちに「全員が授業で発表する」ことを掲げました。可能なら、国語、算数、理科、社会の授業で。

　私の抱負を聞いた子供たちは一瞬驚いた表情をし、冗談だと言うように、へらっと笑い合いました。放課後には「先生、無理ですよ。今まで一度も手を挙げたことがない人だって、いるんですよ」と、ご丁寧に忠

告をして帰る子もいました。確かに、不登校、いじめや学級崩壊……クラスの名簿を見ると、課題が山積みでした。「先生も大変な学級をまた担当しましたね」と話しかけてくる教員もいました。

　私は「過去を引きずり、いつまでも足踏みしていてはいかん！」と奮起し、欠点が記載された名簿を金庫の奥にしまい、新しい名簿を作成しました。それから、毎日、子供たちの良いところをひたすら探し、書き込んでいったのです。腹立たしいこともありましたが、「それでも良いところはある！」と信じ、探し続けました。職員室で愚痴を言い合っても、最後には彼らの良いところを話して帰りたいと思いました。そして…。

　4月、いわゆる"優秀な"子供たちが挙手をしました。

　5月、複数名の発言でパスをつなぎ、協力して1つの答えにたどり着けるようになりました。

　6月、全員が反応するようになり、自然と意見交換が始まってきました。

　なんと、新学期が始まった2ヵ月後、子供たちは全員発表を成し遂げてしまったのです。最後の1人が挙手をしたときは、全員が固唾を飲んで見守り、「大丈夫、頑張って！」なんて、励ます声すら聞こえました。私1人の目標が、いつの間にかクラス全員の目標になっていたのです。「先生、これで全員が発表しましたよ！」「すごい！嘘みたい！」と喜ぶ子供たちを見て、もっとさまざまな喜びを彼らと共有したいと思いました。この「喜び」こそが、学級という組織を強固にしていくものだと実感したからです。

　全員が発表したからといって、成績が突然上がるわけではありません。でも、彼らには、まず「発言しても大丈夫」という安心感が必要だと感じたのです。「発言」というハードルを越えられた子には、発言することが楽しみになるような場をつくってあげればよいのです。すると、徐々に発言する回数が増え、知らぬ間に自信をつけていくことができます。「発言しなさい！」なんて、お互いがうんざりするようなことを言わなくても、どうにかなるものです。教師がそういう場をこつこつとつくり、あとは、その中で子供たちが思いきり行動するだけでいいのです。

重要なのは、教員がその努力をできるかどうか、です。

● なぜ分からないのかを分かること

　自身の人生を振り返ってみると、きっかけは、至る所に転がっているように思われます。子供たちと共に生活するようになり、その思いはますます強くなりました。他人からすると「なんだ、こんなことか」という、もしくは自身ですらも気付かないような、本当に些細なことなのです。気付いたときには、まさしく「目から鱗」です。

　子供たちは「算数が苦手」と言うことがありますが、それは違います。「解き方が分からないから、その問題が苦手」と思っているのです。そこに気付いたら、あとは解き方を理解させればよいだけです。

　同様に、「作文が苦手」なのではありません。「書き方が分からないから、作文が苦手」と思っているのです。教師がそれに気付いたら、書き方を教えればよいのです。子供たちが解くことや書くこと、調べることが楽しいと感じ、さらに追求したいと思ったなら、きっと進んで取り組み始めるでしょう。方法という武器を手にした子供たちは、自分たちで試行錯誤しながらどんどん道を切り開いていきます。そうして、自分で試してみて初めて知恵になるのです。

　教師が「どうだ、分かったか！？」と、全員に1つのゴールを押しつけるのではなく、それぞれの子に「できる場」をつくってあげることが教師の役目だと思います。

● 卑怯な言葉「なぜ、できないの？」

　職員室にいると、「できないんですよねえ」という教師の言葉をよく聞きます。現在、何かしらの問題を抱える子が、通常学級に在籍していても不思議ではありません。確かに、能力的に「できない」こともあります。しかし、私はこの言葉が嫌いです。なぜ、教師ができるようにしてやらないのか。集団行動に無理矢理参加させたり、ゼロから解決方法を考えさせたり、そういうことでは解決しません。教師が、「その子ができる場をつくる努力をしたのか」ということが重要なのです。

教師が努力もせず、しかし、子供たちには努力を求め、「なぜ、できないの？」と言う。見当違いも甚だしいと思います。子供たちが首をかしげているとき、それは教師自身の姿を如実に表しているのです。きっと、教師自身も納得がいかぬまま、言葉を発しているのではないでしょうか。そのような状況で子供たちに詰め寄り、「なんで分からないかなぁ」などと言った日には、彼らの頭の中は疑問符だらけになってしまいます。「なんでって……だって、分からないんだもん」というのが正直な感想でしょう。

　学級の雰囲気や子供たちの姿は、一朝一夕で形成されるものではありません。子供たちの顔を思い浮かべながら一生懸命に考えた授業は、子供たちの心にも通じます。「先生が頑張っているから、頑張ろうかな」という雰囲気になってくるものです。知らず知らず、教室の中に一体感が生まれてきます。教師の努力と子供たちの努力は比例すると、私は信じています。

　お互いの努力を認め合い、学び合う姿勢を持ち続ける。そうして、一日のどこかで、それぞれが何かしらの達成感を味わう。こうして小さな達成感を日々積み重ねていけば、教師も子供たちも、次の授業が待ち遠しくなるのではないでしょうか。

子供の生活習慣を大事にしてる？

教師の授業力と子供の社会性とのつながり

□子供たちの人間性、社会性の育成に目を向けよう。
□相手の立場を考えられる子供を育てよう。
□子供の心に火をともす教師になろう。

● 靴・傘・挨拶の３つで勝負！

　私たちは、子供の学習や生活における「しつけ」の根っこは、家庭教育にあることは知っていますが、学校でも学校生活を支える上で、生活習慣の確立が必要であると思います。では、学校では何を基本に据えることが大事なのでしょうか。

　私が、校長として現場に戻ったとき、学校の内外を見て回りながら気になることは何かと整理して、行き着いたのが、子供たちの「靴・傘・挨拶」に関する生活習慣です。これら以外にも、問題となることを挙げると切りがありませんが、子供たちに最低限身に付けさせるべき習慣、社会性といったら、この３つであると考えたのです。

　第１に「靴をきちんと揃えること」、第２に「傘をきちんと畳んで片付けること」、第３に「挨拶がきちんとできること」です。何だ、こんなことが社会性を育てることなのかと思われるかもしれません。しかし、この３つがきちんとできれば、たいしたものなのです。

　まず、１つ目の「靴をきちんと揃えること」。子供たちは登校すると、外履きから上履きに履き替えるのですが、下駄箱で靴の片方が飛び出しているなど、きちんと入っていないことがよくあります。また、校外学習などのときも、現地の施設で脱いだ靴が、散らばっているのを目にすることがあります。

　２つ目は、「傘をきちんと畳んで片付けること」。雨が降った朝の傘立ては、広げたままの傘で入りきれないほどです。帰りになると何人かの

子供は、傘が壊れたと先生に訴えてきます。畳んでないところに、別の傘を無理に入れたことによる破損です。または、真っすぐに入っていないために、傘の芯が折れてしまうこともあります。

3つ目は、「挨拶がきちんとできること」。どこの学校でも、子供を中心として「挨拶運動」が行われています。それぞれ聞くと一定の成果は出ているようです。ただし、挨拶をする場合、子供からすべきだと教えていないでしょうか。「おはようございます」「さようなら」「ありがとうございます」など、基本的な挨拶は、大人からでも子供からでも、誰からでもいいのです。

● 子供が変わったことを実感するとき

この「靴・傘・挨拶」に関する生活習慣について、校長として学年のはじめの全校集会や職員会議の折に話をし、良く取り組んでいる学級を紹介していきました。スタートしたときは、校長自らも直していき、それが学級担任、子供たちに広がっていきました。専門の「当番」をつくったクラスもありました。1年間続けるうちに、その成果が表れ、ある学級担任からは「子供たちがよく挨拶をするようになったと、保護者会で話題になって嬉しかった」と報告が出てきました。

また、林間学校の施設でも、修学旅行に行ったホテルでも、「子供たちがきちんとした挨拶をし、スリッパもよく整えられて素晴らしかった」と外の人からも褒められました。学校内での取り組みが、子供たちの日常に浸透し、大きな支えになったようです。

当たり前のことを当たり前に行うには、エネルギーが必要です。ただし、それが定着し当たり前のことになると、それは習慣になります。

● 相手の立場を考える大切さ

学校評価の中でも、この挨拶の習慣が身に付いているかどうかが、よく取り上げられています。そのとき、子供たちはよく挨拶しますと言いますが、実際のところはどうなのでしょう。教師もお互いを含めて、子供たちに挨拶をしながら関係性をつくっているでしょうか。挨拶の習慣

は大人にとっても大切です。

　相手の立場に立って物事を考えることは学校教育の中心であり、人との関わりの中で培われるものです。「靴・傘・挨拶」の生活習慣がしっかり身に付いているということは、社会性が身に付いてきた証しでもあり、相手の立場に立って物事を考えられるようになってきたことを意味するものです。

● 人間性や社会性を根本に据える

　「平凡な教師はただ喋るだけ。少しましな教師は理解させようと努力する。それよりも良い教師は自分でやって見せる。もっと立派な教師は子供の心に火をともす」と言われることがあります。また、「教育は成功ではなく、感銘を与える生育（生きて育てる）でなければならない」とも言われます。

　授業のねらいの中で見落としてはならないことは、学びの内容はもちろんですが、そのことを通して人間性や社会性を育てていくことです。

　言うまでもなく、学校の使命は「授業で子供を変えること」です。それはまた、その授業を通して「人格の完成を図ること」でもあります。だからこそ、子供たちには、学校教育全体を通じて、人としての生き方をきちんと身に付けさせなければならないのです。

　子供は生まれた瞬間から親との関わりで愛情を知り、ものの善悪が身に付いていきます。それは、学校教育の中で他と向き合うことで、さらに磨かれていきます。教師によって、また子供同士で学び、教えられ、鍛えられ、磨き上げられるものです。これが社会性です。社会性は学ぶ意欲を高め、学ぶことによってさらに磨かれていくのです。

● 教師の授業力も磨かれる

　一般に、こうした子供たちの人間性や社会性は、学校行事や生活科や道徳科、あるいは「総合的な学習の時間」で育成されるものだと考えられています。例えば、「総合的な学習の時間」のねらいについては、教科授業の学習成果の活用であるとか、学び方を学ぶための学習であると

か、課題解決の場であるとか、さまざまなことが議論されています。これに加えて、総合学習の中心は人としての生き方を育てることだということに、改めて目を向けることが必要かもしれません。

一方で、これらの学習活動の場だけでなく、通常の教科の授業の中で、子供同士が意見を交換し合ったり、競い合ったりすることでも、人間性や社会性を身に付けていくものだということを忘れてはなりません。

また、教師が子供の生活習慣に目を向けることによって、子供に社会性が身に付き、やがてその社会性は、授業そのものにも影響を与えるということがあります。

私は、教師のもつ授業力とは、「教材理解力」「子供理解力」「指導技術」に、精神的エネルギーを掛け合わせたものだと考えています。この精神的エネルギーとは教職への情熱です。教師が子供たちの人間性、社会性の育成に目を向け、子供理解が深まることで、教師の授業力も自ずから向上していくのではないでしょうか。

教師力スキルアップ編

25 授業改善の基本は何？

学習規律と言葉遣いが基本

□学習規律は先輩教師の「型」からまねよう。
□子供たちに授業中の話し方を指導しよう。
□教師の言葉遣いが子供を変える！

● 手間を惜しむな、積み上げよ

　ＮＨＫのテレビ番組に「プロフェッショナル仕事の流儀」がありました。ご存じの方もいるでしょうが、これに登場した石工の左野勝司さんの言葉に「手間を惜しむな、積み上げろ」というものがあります。７０歳を過ぎて唐招提寺の石灯龍をはじめモアイ像の復元、アンコールワットの修復とその技術は世界に認められています。しかし、石工の５５年は失敗と学びの連続であったと左野さんは言います。だから、上の言葉を信条として仕事に打ち込んできたと語っていたのです。
　私たち教師も同じだと思います。「子供に響く授業をしたい」。でも、「良い授業だった」と納得する授業などなかなかできません。それでも、良い授業を目指して日々努力する以外ないのです。
　「子供たちが意欲的に学ぶ授業をつくる」ために、毎日の学習指導、いわゆる授業を効率的に実施していくには、どのような条件を整えればよいのでしょうか。いろいろあるでしょうが、私は「学習規律と言葉遣い」の２つが、子供の学習を高めるための最も基本的で、かつ最低限の条件だと考えています。

● 学習規律はまねることから出発を

　必要な学習用具を机上に揃えること、私語を慎むこと、授業中にむやみに立ち歩かないこと、学習に集中して取り組むこと……など、学習中の学級の約束事はたくさんあります。そのほか、教師によっては、子供

の実態から、独自の約束事をつくり出して取り組む場合もあるでしょう。
　これらの学習規律は、学習活動の基本的な条件であるだけでなく、子供一人ひとりの立場を尊重するための条件でもあります。そもそも、規律を守ることは自分自身を守ることであり、周りにも必要な制約です。人権尊重の基盤が存在すると言えます。
　例えば、「私は、○○○だと考えます。それは△△△だからです」……などのような、子供の発言が一見、形式的に見える授業実践をよく見ると、学習の課題がはっきりしていて、きちんと学習に打ち込む集団をつくっていることに気付きます。もし、「こういうのは画一的だ」と感じたら、そこから学習規律を変化させてもよいと思います。
　スポーツでも何でも「型」があるのは、効率性から見て必要なことだからです。自分なりの学習規律をつくり出すためには、まず、「型」をまねることから出発し、そこから見直していくことです。

● 命を吹き込む正しい言葉遣いを

　もう1つの基本である言葉遣いについて考えてみましょう。教室で交わされる言葉の問題です。
　一般的に、子供たちが休憩時間に使っている日常の言葉遣いが、そのまま学習時間に持ち込まれている場合が多く見られます。そこでは、教室内の人間関係がフレンドリーで、和気あいあいのように見えることもありますが、一方で、子供の学習への取り組みに、緩慢さが見られる傾向はないでしょうか。
　やはり、学習指導中にふさわしい言葉遣いと日常生活上の子供同士の言葉遣いは、使い分けられるべきだと思いますが、いかがでしょうか？とりわけ、初任者や若い先生方はこのことをよく理解してみてください。
　また、教師の「やっぱ、そうか」などというカジュアルな言葉遣いは、子供の学習そのものを緩くする原因となり、真剣で緊張感のある学習の成立からはほど遠いものになってしまうので気を付けたいものです。教師の言葉は主語と述語を整えて、最後まで丁寧に言い切って分かりやすくすることが大事です。

特に、教師は自分の言葉の力に自信を持っている場合が多いと思いますが、授業中の教師の言葉には、無駄が多いことも十分に心得るべきです。自分の授業を録画してみると、その事実が明らかになるはずです。
　私自身も、振り返ってみると、1時間ずっと話をしていて、子供の声がまるで聞こえない、そんな授業を行っていて、あぜんとすることが何度もありました。
　授業中の話し方を指導することも、授業を高める基本中の基本と位置づけていきたいものです。

● 教師こそが言語環境

　子供たちが騒いでいると、大きな声で「うるさい」と、怖い顔をしてにらみ付けてしまう教師を見かけることがあります。授業中でも、問題が出来ずに四苦八苦している子供に、「こんなこともできないのか」と罵声を浴びせている教師も中にはいます。こうした教師の不用意な言葉が、子供たちの心を傷つけている場合が意外と多いのです。
　私も教師になってすぐの頃、戸惑っている子供がいると、「どうした？」ではなく、つい「何やってんだ」と言ってしまったこともありました。
　また、ある時、教え子たちの同窓会に恩師として招待されたときのことです。宴たけなわとなり、はじめは私に遠慮していた教え子たちも、時間が経つと無礼講とばかりに、それまでの心の底にためていた若き日の思い出を話し始めました。
　「『お前、何度言ったら分かるんだ。馬鹿なやつに教えるつらさを少しは分かってくれよ』と言われたときは、本当につらかったなあ。先生には良く思われたいと自分なりにがんばっていたのに。自分が先生に認められていないと思うと、とてもやるせなく、どうせ、俺は何をやってもだめなのだと無気力になってしまった時期があった。今でも先生のひと言が、ほろ苦い思い出として残っていますよ」。
　「先生は『こんなことも分からないのか』が口癖で、ちょっとでも間違うものなら、すぐに『こんなことも分からないのか』と言っていた。『こんなことも』と言われ続けると、だんだん自信をなくしてしまい、先生

の授業が嫌いになった。今でも、『こんなことも分からないのか』と言い続けているのですか？」。

「先生に『お前の兄さんは非常に勉強ができたな。お前とは雲泥の差だ。本当に兄弟なのかなあ』と言われたときは、悔しくて腹が立って眠れなかった。あの言葉は先生ひど過ぎましたよ。でも、今は幸せに暮らしています。人の幸せは勉強ができる・できないで決まるものではないよね。先生」。

今考えると、とんでもないことを言ってきたと、反省してもしきれない教師生活の数年でした。それを変えてくれたのは、同じ学年の先生たちです。教師３年目の時の学年主任が私に言いました。

「先生、体育の授業を見ていたのですが、途中で怒っていましたよね。確かに、先生が一生懸命に指導されているのは分かりますが、子供たちはそれで本当に楽しく学んでいけますか？ もっと穏やかにいくべきですね」。

それからです。子供を変えるには言葉遣いからだと思うようになったのは…。そうすると、子供の良さが見えてくるようになりました。

どの教師も自覚していることだと思いますが、教師こそが言語環境の最たるものなのです。

26 子供の前で失敗したらどうする？

失敗は成功のもと

□ 失敗から学ぶ態度を育てよう。
□ 失敗を恐れない学級の雰囲気をつくろう。
□ 自分の弱点を克服する姿を見せよう。

● 間違いは成長のもと？

　子供は学習や生活においてさまざまな間違いをし、間違えることで成長していくと言ってもいいでしょう。ただし、大切なのは間違いを受け止め、その後に自分を成長させるため、同じ間違いをしないようにしていこうとする意志を持つことです。そして、そのような態度を育てることが、教師の役割でもあります。しかし、自分の間違いを受け入れるのは、なかなか難しいものです。それは、教師にも言えることです。次のような指摘が子供からあったら、我々教師はどうすればいいのでしょうか。

● 子供に「答えが違います」と言われたら…

　板書では、教師が間違うこともよく起こりがちです。子供に間違いを指摘された、次のような教師の受け答えの例を見て、どう考えますか？

※○…よい例　●…悪い例
○「みんなが気付くかどうか、わざとこうしたんだよ。よく気付いたね」
○「あ、本当だね。ありがとう。間違いが分かったということは、Ｍさんはしっかりと黒板を見ていたということですね。しっかり集中していますね」
●「今直すところだったんだよ」と不機嫌になる。
●　何も言わずに、黙って直す。

教師も人間だから、間違えることはたくさんあり、その間違いを子供から指摘されることもあります。私も経験がありますが、最初はドキッとして、うまく答えることができなかったこともありました。しかし、今ではチャンスだと考えることにしています。教師も人間であり、誰にでも間違いがあると教えたり、間違いを指摘されたときには素直に受け止めて、自分の成長につなげていくように意識したりする姿を、子供に示すことができるからです。しかし、それと同時に、間違いを教えないように教材研究を綿密に行ったり、新聞や本を読んで自分の知識を高めたりと、自身のスキルをブラッシュアップすることも、教師として決して忘れてはいけないことです。

　また、学習中にわざと間違いを書いたり、言ったりすることができるようになると、授業の幅も広がっていきます。

● 子供の失敗も生かす

　「教室は間違うところ」ということは多くの教師が指導していることです。教師だって間違うこともあるわけですから、子供が間違うことは当然のこと、ただし、子供の失敗を生かすためには、教室の雰囲気がとても大切です。友達の失敗を受け入れられない子供はいないでしょうか？　そのような子供がいる場合、多くの子供は失敗を恐れ、理解が深まらないまま学習を進めていくことになります。私は以下の視点で、クラスの雰囲気づくりに努めています。

> 1．子供たちは友達の間違いを受け入れられるか。
> 2．教室は「分からない」と言いやすい雰囲気か。
> 3．子供たちの素直な反応が許されているか。
> 4．子供たちが「間違ってもよい」ということを理解できているか。

　これは、学級開きのときに必ず話すようにしていますが、一度言っただけで理解できるわけではありません。授業中の子供たちの雰囲気を感

じ取りながら、繰り返し伝えていくことが大切です。教師の粘り強い指導の繰り返しによって、お互いに失敗を恐れない、明るい学級の雰囲気はつくられていくものです。

●「先生、廊下走っていいの？」

　学習指導の場面だけでなく、このように生活の場面で、教師が子供に注意されることもあります。こちらの方が、対応は難しいかもしれません。まずは、「少し急いでいたんだ。でもだめだよね」と真摯に対応することが大切です。そして、教師は「常に子供に見られている」という意識を持たなければなりません。計画的に仕事を進めていけば、気持ちに余裕が生まれるものです。そして余裕を持つことで、小さな失敗は少なくなるし、間違いを指摘されても、おおらかに答えたり、指摘された間違いを教育の一助にしたりできるようになるものです。

● 教師の短所や弱さを見せることも

　人は誰しも自分の弱さを認めたくないものです。それは教師にも言えることであり、「子供たちに尊敬されたい」という願いを持っているものです。では、どんな教師が子供たちに尊敬されるのでしょうか。

　子供との接し方は、教師によってさまざまです。丁寧に子供と接する人、言葉少なく子供を見守る人など、その教師の人柄によって変わってきます。特に若手の男性教師にたまに見られるのが、命令口調や乱暴な言葉を使ってしまう人です。確かに高学年ともなると、子供が教師の力を見て他の先生と比べたり、順位をつけたりすることも出てきます。そうならないために、時として毅然とした態度を見せる必要もあるでしょう。しかし、乱暴な言葉を使ったり、威圧感を与えたりする強さだけでは、本当に子供から尊敬される教師にはなれないのではないでしょうか。

　教師も人間であり、それぞれ長所もあれば短所もあります。スポーツや雑学などで、教師の得意なものを子供に見せて感動させることと同じくらい、教師の短所や弱さを見せることも、教育的な効果が期待できるものです。

● 自分を見つめ直し、目標を立てる

　道徳の授業での実践例です。自分自身のこれからの目標をつくるという学習をしたときに、まず自分が成長するために必要なことを30個挙げ、そこから本当に必要なものを10〜15個に絞るという活動をしました。子供たちは自分の弱点や、今できていないこと、もっとできるようになりたいことを考え、ワークシートに書き始めました。

　最終的にはそこから1つの目標をつくっていくのですが、その際に、私自身も黒板に「今の自分に必要なこと」を書き出してみました。それは、次のようなものです。

1. 運動をする
2. バランスの良い食事をする
3. 時間を効率よく使う
4. さまざまな知識を得る
5. 家族を大切にする
6. 友達を大切にする
7. 部活で誰よりも声を出す
8. 修学旅行などの行事に全力を注ぐ
9. いつも笑顔でいる
10. みんな（学級の子供）のことを信じる

　上に挙げたものの中について、学級の子供たちは、どうして私がバランスの良い食事や、運動をすることを選んだのかをよく知っています。普段から私が苦手にしているものを知っているからです。

　よく聞く言葉に、「演じることができるのが教師だ」というものがあります。喜怒哀楽を大げさに表現し、ときにはわざと失敗もして子供たちを引き付けるのです。しかし、演じた自分だけではなく、ありのままの教師の姿や教師の弱さをさらけ出すことも、子供たちと分かり合うためには必要ではないでしょうか。そして、教師がそれを乗り越える姿、自分の弱さや苦手を克服しようとする姿を見せることは、子供たちに言葉以上のメッセージを伝えることにつながるのだと思うのです。

思い通りに子供が動かないときは？

その思いは誰にとっての良い指導なのか

□ 経験からすべてを判断することはやめよう。
□ 子供たち一人ひとりの状況をきちんと見つめよう。
□ 子供たちと共に学ぶ姿勢を持ち続けよう。

● 胸を刺す言葉

　「初めて卒業させた子供たちは、なかなか超えられない」と先輩に言われました。確かに、卒業式には自身も子供たちも別れを惜しみ、涙を流しました。5年生・6年生と2年間受け持った彼らと、これほど離れ難くなるものなのかと感じるほどでした。一方で、4月になり、新たな子供たちと出会えば、きっとまた夢中になれるはずだと思っていました。

　よりよい学級にしようと意気込んで迎えた4月の始業式です。受け持ちの5年生全員の顔と名前は、即日、覚えました。子供たち一人ひとりの好きなことや得意なことも覚えました。徐々に性格も分かってきました。ところが、新しい学級の子供たちについて、知っていることが増えるたびに、卒業生たちの顔が浮かんでくるのです。無意識のうちに、「あの子と似ているな…」「まるで、あの子のようだな…」と、卒業生と比較していたのです。

　授業や行事でも同様です。卒業生たちと経験したことを再び経験するたびに、彼らの様子が蘇ってくるのです。新しい子供たちと向き合いながら、頭の中は卒業生たちとの思い出でいっぱいになっていました。また、ともすると卒業生と今の5年生とを比較してしまい、「あの子たちはできたのに、なぜこの子たちはできないのか」と思ってしまうのです。私のこうした思いが、日々の指導態度にも表れているのではないかと悩み、今の子供たちに申し訳なく思うことがしばしばありました。

● 理想から強迫観念へ

　卒業生たちとの取り組みを理想化し、それに「近づけたい」あるいはそれを「超えたい」という強迫観念にも似た思いに陥ったのには、いくつか原因がありました。

　5学年の担任となったのが、これで2度目だったことが大きな影響を及ぼしていました。これまでの経験から予測できることが多くなり、学校内では授業や行事の内容について積極的に起案することができ、それらが採用される機会が増えました。同校ではほかに経験者がいないこと、後輩ができて、いろいろ頼られるようになったこともあり、この状況に拍車をかけることになりました。

　冷静になって考えてみると、5年生の担任となったのが2度目とはいえ、たった1度の経験から、すべて正しい答えを導き出せるはずがありません。しかし、授業や行事の計画を次々と立て実施するという多忙な中では、たった1度でも経験した者の発言力は大きかったのです。いつしか「私がやらなければ…」という、強迫観念めいた使命感に支配されるようになっていたのです。

　これは学級内でも同じ状況でした。最も大切にしていた、子供たちと共に学ぶという姿勢を失いかけていたのです。子供たちの成績が思うように伸びないことにも、頭を抱えていました。恥ずかしいことですが、当時は「私が教えなければ…」という授業態度だったように思います。目の前の子供たちに対する、適切な支援ができていなかったのです。

● その思いは誰のために

　当時も「大人は子供たちを思いどおりに動かせるものだ」という傲慢な考えを持っていたわけではありません。「子供たちが思い通りに動かない」という悩みの根底には、「より良い指導をしたい」という願望がありながら、それが叶わない状況になっているのだと思います。もっと挙手をしてほしい、声を出してほしい、友達と仲良くしてほしい、時間を守って行動してほしい、感謝の気持ちを忘れずに…、掃除をしっかりとして…、挨拶は…、服装は……。

「この環境を改善したい」「子供たちをもっと良くしたい」という教師の願望が強ければ強いほど、願望は妄想に変わるのだと思います。「思い通りに動いてほしい…。いや、私がこれだけやっているのだから、子供たちは思い通りに動くはず」という思考に取りつかれることになるのです。

　それぞれの教師にとって「良い指導」の内容は異なるでしょうが、立ち止まって再考してほしいと思います。それは、誰にとっての「良い指導」なのか……。

　当時の私は、5年生を受け持つのは「2度目だからより良い指導ができる」という、根拠のない自信を持っていました。その自信から、無意識に卒業生と比較して、結果までのスピードアップをがむしゃらに求めていたのです。一見すると、子供たちへ熱心に指導していたようにも思えますが、実は、子供たちに向けるべき情熱は全て自身に向かっていたのです。「卒業生の時よりも良い指導をしたい」「2度目だからより良い指導をしたい」という自身の目的を達成することに、比重が置かれていたのです。

●「人間らしさ」を再考

　私の悩みはついに限界を迎え、養護教諭にこの気持ちを吐露したところ、意外な言葉が返ってきました。今の学級の子供たちは「先生の授業は楽しい」「先生の話は面白い」と、口々に話しているということでした。子供たちは、ちゃんと私を見ていてくれたことに気付きました。私の頭の中には、常に卒業生たちの活動の様子がありました。そこをめざす指導に向かっていました。今の学級の子供たちを度外視し、自分自身に夢中になっていたことをひどく恥じました。

　高性能な機械が次々と生産され、人工知能の進化によって急激な技術革新が進んだ社会になっても、「人間らしい」子供たちを育てたいという思いを持って、教壇に立ってきました。それは例えば、人のために心を動かせることではないでしょうか。人の気持ちに寄り添って喜んだり、悲しんだり……。さらに、人のために努力できることではないでしょう

か。2度目に受け持った5年生の子供たちに対する自分の心の葛藤から、自身が見失いかけていた「人間らしさ」とは何かを再考するきっかけとなりました。

　教師が一人ひとりの子供たちを理解しようと努力して、初めて子供たちも教師に関心を持ってくれます。そういう教師の努力が日々見られるから、子供たちも教師のために何かしようと努力するのです。たった1年の付き合いでも「通じ合える仲」になれます。ただし、それは、互いが互いのために努力したことを感じ取り、認め合う信頼関係があってこそ成立するものだと思います。

子供の好奇心を大事にしてる？

子供と共に追究する楽しさを味わおう！

□ 自身や子供の知的好奇心を大切にしよう。
□ 子供の発見がさらなる教材研究の糸口になる！
□ 子供たちとの情報交換や議論も大事にしよう。

●「知る」ことは楽しい

　私は、出合うもの全てに「なぜ」という疑問を持っていました。興味の幅こそ個人差はあるものの、それは子供たちも持っているものだと感じています。そして、その疑問を1つずつ解決していくことは、成人してからも変わらず楽しいことです。

　試験のために丸暗記したことはなかなか身に付かず、思い出せないものですが、自分が疑問を持って好きで追究していったことは、記憶に残ります。例えば、私は高校生の時、古代生物に夢中になっていた時期がありました。中でも「アノマロカリス」は特別でした。アノマロカリスは古生代カンブリア紀の海に生息していた生物で、当時の生態系の中で頂点に立つほどの最強の捕食者と言われていました。

　地学の授業中、アノマロカリスの話をした先生としては、ちょっとした小話をしている程度だったのかもしれません。しかし、私にとっては衝撃的な出合いでした。それからは、学校や地域の図書館へ行って、アノマロカリスの情報を集めたものです。調べていく中で、他の古代生物にも出合いました。さらに、現在までほとんど形態が変わらず、進化していない古代生物がいることも知りました。

　大学生になってから、初めて国立科学博物館へ行きました。カンブリア紀から新生代までの展示をじっくりと見ました。本物の化石、実物大に再現したリアルな模型……、何より、夢中になって調べていたあのアノマロカリスが目の前にいること…「この生物は本当に存在したのだ」

という事実に、涙が出るほど感動しました。みなさんも、そういう経験はないでしょうか。

●「無知の知」

　無知を自覚したときが追究の始まりです。このときこそが、最も知的好奇心が高まるときではないでしょうか。そして、追究しながらまた無知を自覚するものです。何度も「無知の知」を繰り返しながら、追究していくのです。

　教師は、自身よりはるかに年齢が低い子供たちに向かって教壇に立つ日々を過ごすうちに、自分が万能であるかのごとく錯覚しないように気を付けたいものです。専門としている分野に関してはなおさらです。

　私たちは、当然ですが世の中の全ての知識を手に入れることはできません。追究すればするほど、新たな疑問が湧き、追究すべき対象が見つかっていきます。それは世の中の事象が、刻一刻と変化しているからだとも言えます。その点において、私たちは無知なのです。教師自身も子供たちと同様に、何事もいつも追究していく態度で臨まなければなりません。

● 追究する覚悟

　教師になったからには、覚悟を決めなければなりません。子供たちは、さまざまな事物との新たな出合いを心待ちにしています。彼らは旺盛な好奇心を持っています。それを少しでも満たせるよう、教師は努力を惜しまないという覚悟が必要です。

　ある時、６学年で教科担任制を実施することになり、私は社会科を担当しました。１つの教科をとことん追究するには、絶好の機会でした。

　最初に取り組んだのは歴史です。まずは、実家に戻って学生時代に使っていた資料集を取ってきました。それぞれの時代や歴史上の人物に関する書籍を求め、教室に展示しました。さまざまな人の協力を得ながら、資料の収集に奔走したものです。途中から子供たちも収集するようになり、多方面からとても貴重なものが集められました。

それらの教材は授業中に資料として提示したり、授業後は教室内に展示したりすることができました。自身が経験したように、子供たちに実物を見せたり、触れさせたりしたいという強い思いが原動力でした。「百聞は一見に如かず」と言うように、やはり、実物が与える影響は大きいものです。

● 共同研究者でありたい

　授業準備のためにかなりの分量の資料を用意し、その中から効果的なものを精選しました。資料の大きさや提示方法も考えました。子供たち全員がノートに貼付してほしいもの、隣同士で活用してほしいもの、全体に示しながら気付かせたいもの…と、さまざまな活用場面や方法を試してみました。中には最初に用意した資料のほとんどが、使われずに終わることもありました。しかし、こうして教材研究として追究したことは、教師自身の知識を増やしていくことになり、無駄なことではありません。

　授業後に、子供たちの発見から新たな追究を始めることもありました。ある授業のときに「長篠合戦図屏風」の図録を提示しました。すると、「屏風の中に全身、真っ黒な人がいる！」と言った子供がいたのです。全員がそこに注目しました。私が教材研究をした際には、その人物を見落としていました。武将好きの子供に尋ねても、「この兜は、多分…あの人だと思うんだけど…違うかも…」と不明瞭です。全員が「一体、この異様な人物は誰なのだろう？」ということで頭がいっぱいになり、次の日までに調べることにしました。

　その結果、その真っ黒な人は「本多忠勝」という人物であることが分かったのです。私自身も調べるうちについ夢中になり、彼の生涯や逸話なども知ることができました。早速、子供たちに話したいと興奮していると、翌日の彼らも同様だったのです。

　子供たちは登校するなり、クラスの中は本多忠勝の話題で持ちきりでした。前日、不明瞭な回答をした子供は、帰宅後すぐに戦国武将が登場する歴史ゲームの電源を入れて確認したそうです。翌日「やっぱり本多

忠勝でした！」と急いで報告に来ました。子供たちとの情報交換や議論は、まさに「無知の知」で、追究が尽きることがなかったのです。

　教師自身も子供たちと一緒になって追究したいものです。協力者がいればいるほど、得られるものが増えます。そして、追究することがますます楽しくなるのです。それは、教師自身が好きな教科でよいのです。たった1つでよい。時間を忘れ、没頭するようなものがあってほしいと思います。教師と子供たちが、時には立場を入れ替えながら、追究していく集団でありたいものです。だからこそ、その集団を引率する教師自身が「無知の知」であってほしいのです。

子供の家庭の状況を熟知してる？

慎重な対応と配慮が必要

- □ 子供の家庭環境、言動や服装に目を配ろう。
- □ 子供に対する教師の発言、言動は慎重に。
- □ 同じ学年の先生、養護教諭の先生にも協力を仰ごう。

● **多様化する家族形態**

近年、核家族化や父子家庭・母子家庭の増加など、家族形態が多様化し、子供たちを取り巻く家庭環境が大きく変化しています。また、共働きやフルタイムで働く親も多く、子供と接する時間が少ない家庭も増えてきていて、なかなか家庭の協力を得ることが難しくなっています。子供たちに関しても、親が帰ってくるのが遅く、生活のリズムが乱れがちだったり、塾や習い事で忙しくしていたりと、家族で過ごす時間が限られており、だんらんをする時間が取れないといった実態もあります。

小学校では、学級担任が子供と一日中一緒に過ごすので、子供たちの家庭の様子については十分知る機会があるはずですが、状況を知った上で、改めて慎重な対応や配慮が必要な場合があります。

● **「お母さん」とは限らない**

中でも、一番身近で配慮が必要な事柄としては、「教師の発言・言動」です。例えば、遠足で手の込んだお弁当を持ってきた子供がいたとします。「お母さんの愛情たっぷりだね」と、何も考えなければうっかり口にしそうな表現ですが、ここはいったんのみ込んでほしいのです。もしかしたら、作ったのはお母さんではなく、おばあちゃんかもしれないし、お父さんだったかもしれません。そして、この場合に最も気を付けなくてはならないケースは、父子家庭の子供の場合です。教師の何気ないひと言が、子供の心を深く傷つけることもあります。「お父さん」「お母さ

ん」という限られた言い方ではなく、「おうちの人」「保護者」とすることも、大事な配慮の一つです。

　かつてこんな経験をしました。６年生のＡ子さん、父子家庭で生活していて、この子の世話はおばあさんがしていました。ところが、そのおばあさんも具合が悪くなって入院してしまいます。９月からは、ほとんど朝食を取らずに通学してきました。そして１０月の日光への修学旅行。１泊２日の日程で、１日目はお弁当が必要だと説明会やプリント等で保護者には知らせておきました。

　日光に着いて、足尾銅山での植樹体験の後、「さあ、お昼だ」となりました。校長として同行していた私は、Ａ子さんが気になっていたので、学級担任のＢ先生に「Ａ子さん、お昼大丈夫かな。そっと見てきてください」と尋ねました。

　するとどうでしょうか。「弁当箱だけ持ってきて、中が空でした」とＢ先生が慌てて飛んできました。近くに軽食を出すお店があったので、養護教諭と一緒に食べてくるように指示しました。他の子供たちには知られずに済みました。

　担任のＢ先生は夜、先生たちが集まった時に言いました。「Ａ子さんのことは気になってはいたのですが、他の子供たちに目が向き過ぎて、Ａ子さんへの配慮が足りませんでした。気が付いてくださって、彼女も私も救われました。これから気を付けます」と。

　教師だって忘れてしまうことはたくさんあります。それに気付き、支えるために、学年の先生方の力をいつでも集めることが大事だと思います。些細なことですが、子供に手を掛けるとは、いつも目を離さないことです。

　ちなみに、このＡ子さんは１月には父親でも面倒を見ることができなくなり、その後、児童養護施設にお世話になりました。最後の卒業式には施設の人が見送ってくれて、他の子供たちと一緒に参加しました。当日の洋服は同じ学年の先生が、我が子が卒業式で着た服を用意してくれました。本人と、担任のＢ先生の涙を忘れることはできません。

● 特に配慮が必要な教科は

　基本的にはどの教科、授業においても、子供の家庭環境への配慮は必要ですが、とりわけ家庭科の授業においては十分な配慮が必要です。なぜなら、家族と密接に関わる教科だからです。家庭科の単元を見ると、「家族と家庭生活」「住生活」「衣生活」「食生活」「消費生活」などとなっており、いずれも家庭によっては触れにくい項目になっています。

　配慮の明確な指標はなく、どこまで配慮すればいいのかと考えると、息が詰まってしまうかもしれませんが、一番に子供の気持ちを考えることが大切です。そして、家庭環境に配慮しつつ、子供たち全員が授業に参加する方策を考えていきましょう。

● どうやって教えればいいの？

　例えば、家庭科の「家族と家庭生活」の単元を扱う場合に、ストレートに子供個人の家庭内の事情を発表させるのではなく、「自分ならどうするか」と考えさせたり、架空の家族を想定して考えさせたりすることも工夫の一つです。

　前述のとおり、昨今は虐待、貧困、親の離婚や別居など複雑な事情を抱える家庭も増えてきています。活動の方法や内容によっては、子供たちを大きく傷つける可能性があるため、実施にあたっては慎重に考えていかなければなりません。

　2年生の生活科でよく行う「自分史」（自分の生い立ちを調べたり、発表したりする活動）においても、同様のことが言えます。場合によっては、生い立ちに固執せず、この1年間でできるようになったことを振り返りの中心にするなど、柔軟な対応も教師には必要です。形式はどうであれ、この場合は、子供たちが自分自身の成長を感じ、今後につなげていければ、生活科のねらいは達成されるのです。したがって、無理に形や体裁にこだわることはありません。

　大事なことは、子供たちの実態や家庭環境をきちんと把握した上で、教科や単元におけるねらいを、いかにして達成していくかということを考えていきましょう。

第3章　新任、でもプロの教師！

教師力スキルアップ編

30 子供の疑問や発想を大切にしてる？

教材研究の視点に「子供の姿」は必須

- □子供との会話の機会を大切にしよう。
- □子供一人ひとりの学びの状況を把握しよう。
- □子供が待ち望む、楽しい授業をめざそう。

● 当意即妙の対応が必要？

　子供は不思議なもので、大人では考えられないさまざまな発想を基に疑問を持ちます。「先生、なんでそうなるの？」「これはどういうこと？」といつでも思いつくまま、教師に疑問を投げかけることがしばしばです。そんなとき、教師は「待ってて！」「後でね！」「そのうちに」「忙しいから明日ね」などと、子供に対応していないでしょうか。

　「鉄は熱いうちに打て」ではないですが、その子の今聞きたがっていることに対して、教師はできるだけ早く答えてあげるべきです。多忙なことを言い訳にして、本来、教師が一番大切にしなければいけない子供との会話の機会を失ってはいないでしょうか。

● まさか！の質問

　社会科の授業で、子供に西暦年と世紀との関係を教えたことがあります。単純に「1668年の上2桁（16）に1を加えると17世紀になるから、そのように世紀は覚えましょう」と説明をして、子供が世紀の数え方をマスターしたと思っていました。しかし「なんでそのように覚えるの？」と子供の質問がついてまわったのです。加えて子供に「2000年は20世紀か21世紀か、先生のその説明では答えが出ません」と言われてしまいました。「まさか！」の質問です。そこまでの質問を想定していませんでした。

　しかし、動揺した姿を子供にさらしてはいけません。まさかの質問は

たまにあると心掛けていた方がいいし、教材に対する新しい発見も子供の質問から生まれるものです。そして子供は、次の日その答えを待っているのです。そこで、この問題は次の時間に考えてみることにしました。

次の日、「昨日の世紀の数え方について調べたり、聞いてきたりしてきた人はいますか？」「2000年は何世紀ですか？　どうやって表しますか？」と授業を始めました。子供たちからは「分からなかった」「特別なんだって」など、さまざまな答えが返ってきました。そこで、基本に返って、西暦年の成り立ちから、次のような説明をしました。

西暦：キリスト教を開いた人物、イエス・キリストが誕生した年を「西暦1年（元年）」と決めている。

世紀：その西暦を百年単位で区切ったもの。世紀はみんな1年から始まっている。

```
 1世紀 ＝    1年 ～  100年
 2世紀 ＝  101年 ～  200年
 3世紀 ＝  201年 ～  300年
          …………
19世紀 ＝ 1801年 ～ 1900年
20世紀 ＝ 1901年 ～ 2000年
21世紀 ＝ 2001年 ～ 2100年
```

教師にだって、すぐに説明のつかないことや、分からないことがあることを子供たちに分からせることも時には必要です。知ったかぶりやごまかしはしないことが、子供との信頼関係を作っていきます。また、子供が疑問に思ったことは、教材研究の出発点にもなるものです。

● 子供それぞれをコンサルティング

　教材研究とは何かと聞かれたら、何と答えるでしょうか？　その教科の専門内容を深く調べることだけが教材研究と捉えると、調べてきたことを全て子供に披露して、子供が消化不良を起こしたり、一方的な講義形式の授業形態になったりしがちです。このように考えると、たとえ教材研究を入念にしても、子供にはよい結果をもたらさないことが十分あり得ます。なぜなら、教材研究の視点に「子供の姿」がないからです。

　それまでの子供「一人ひとりの学びの状況」を把握した上での教材研究が、やはり大事になるのです。

> ＊社会科の授業で梨づくりを学ぶときには、Aさんの親の仕事が活用できそうだ。
> ＊Bさんは、以前、算数で同じような問題のときに、熱心に質問してきたな。
> ＊Cさんは、この作業問題では途中で飽きるな。
> ＊Dさんの技能は、時間をかけて身に付けさせることが必要だ。

　このように、具体的な子供の学びの姿を思い浮かべて、授業構想を練ることが大切です。そして、学級が３０人ならその子供たち全員に「この時間内では、最低限この考え方、この知識、この技能を身に付けさせたい」というものを設定し、その基準に到達すべく指導法を工夫し、教材、教具を準備します。それでも、ときにはつまらない授業になってしまうこともあります。本当に授業とは難しいものだと実感しています。振り返って、自分で納得のいった授業は、指を折って数えられる程度です。恥をかいた授業は数えきれないのに…。

● 早く終わってほしい…まるで拷問のような授業

　教師のよくない口癖に「ここまで教えているのに、なぜこんなことが分からないのか」があります。自分の努力の割には指導の効果が上がらず、子供に対する諦めの気持ちが強い言葉です。

　しかし、見方を変えれば「子供にとって分からない教え方を続けてしまった」という教師の後悔、ざんげ、反省の言葉とも受け止めることができます。

　子供が授業に臨むときは「分かりたい、知りたい、覚えたい」という気持ちを根っこに持っています。しかし、教科書をなぞるだけの浅い教材研究で授業に臨んでは、子供の意欲を喚起することはできず、子供は、つまらない、時間が長い、早く終わりたい、嫌い、という「負の感情の悪循環」を繰り返してしまうことになるのです。「今日も楽しい授業を聞きたい！」「学校に早く行って、先生のためになるお話を聞きたい」と、子供が前の日から待ち望むような授業をつくってあげたいものです。

● 自分の生き様を授業の合間に

　教え子たちと話す機会があると、昔話に花が咲きます。その話題の多くは、「授業の内容」より「授業に関係のない話」「怒られたこと」「苦しかったこと」で占められるものです。このことからも、教科書を素読するだけで、何の工夫もされていない授業は、子供の記憶にほとんど残らないことが証明されると思います。

　子供の「快の感情」や「悔しさの感情」等を学習の場に適切に取り入れながら授業をつくるという視点が、これからますます求められるでしょう。子供は未来からの贈り物、人類共通の財産です。無駄にはしたくないものです。ましてや子供の理解が進まないことを、子供の責任と考えるという不遜な気持ちは持ちたくないものです。

31 自分の指導力に自信がある？

子供や保護者、同僚との信頼関係を築くために

- □今の自分の指導力を自覚しよう。
- □先輩の先生から謙虚に学ぼう。
- □常に目標を持って実践しよう。

● 誠実な実践の積み重ねを

　指導力があれば、児童生徒や保護者、同僚教師の信頼が得られるものです。信頼関係が確立すれば、教育は相乗効果を生みます。指導力は一朝一夕に身に付くものではありませんが、誠実な実践を積み重ね続ければ、それに比例して付くものです。

　毎年複数の初任者を受け入れ、現在、教員の半数が教職歴10年以下の若い教師集団という、H小学校の取り組みをご紹介しましょう。

　H小学校では、校長、教頭、研究主任、学年主任らが協力し合い、若い先生を交えて、月2回、授業に関する研究会を開きました。テーマは「授業で大変だったことや良かったこと」「学級経営で困っていること」で、これらについて箇条書きで課題点を出し合い、30分の話し合いを続けていきました。その中で、特に目立ったのが次の2人の先生です。

　A先生は、いつも自信がなさそうに話します。クラスの子供にもそう映っているようです。でも、彼はきちんと教材を読みこなし、指導教諭から授業後の指導で手厳しく言われると、次の授業ではきちんと改善していきました。

> B先生は、明るく元気があり、すぐに子供たちの人気者になりました。しかし、授業ではできる子供だけが目立つ展開で、指導教諭は「授業とは、できないことができるようになるために、どの子も教師との関わりの中で育てることが大事だ」と、授業内容の広げ方や間のとり方を指導していきました。

　それから３年後、H小学校のこの２人の教師はどうなったでしょうか。A先生は、表情豊かに授業ができるようになり、信頼される教師として同僚からも認められています。ちなみに、B先生は、自分の思いだけを子供にぶつけ、その通りにならないと怒り続けています。

● 今の自分の指導力を自覚すること

　実践経験のない、または少ない初任者教員は学校の中で、できないこと、分からないことがあっても当たり前です。その分、自分はまだできていない、分かっていないから指導力はないのだと自覚することで、学ぶ意欲が湧くのです。そして、その意欲あるスタートこそが、指導力のある教師になるためのパスポートです。むしろ、教師として変に自信のあるスタートを切ってしまうと、聞く耳を持たない、進歩のない教師になってしまうことがあります。

　教師は、よく出合った学校で決まると言われます。確かに、そこに集まる教師集団は、その後の教師像を作っていくのに影響していきます。誰にでも初めがあります。その初めが大事なのです。子供とよく遊ぶ教師がいれば、初任者も子供とよく遊ぶ教師になります。学級づくりの素晴らしい教師がいると、自分もそうなりたいとマネします。授業のうまい教師に出会うと、自分もそうなりたいし、その先生が教えている教科が好きになります。

● 謙虚に学ぶこと

　指導力は実践を積み重ねてこそ、身に付いてくるものです。まず、実践を積み重ねてきた先輩や指導教員の授業をたくさん参観しましょう。参観するときはポイントを決め、そのポイントで気付いたことをメモしておくと、後で振り返りができます。ポイントに基づいた授業参観後の話し合いは、自分の授業実践に必ず生きてくるものです。

　また、指導教員に参観してもらった自分の授業後の指導は、謙虚に受け止めましょう。「知っています」「分かっています」の発言は、それ以上の指導を受けるチャンスを失うことにつながるからです。

　この「授業を見ること」が、教師の学びの第一の条件だと言えます。次に「まねる」ことです。このまねる方法は、本から学ぶことも、誰かの授業をそのままやってみることのどちらも可能です。一番いい方法は、勤務している学校の先生方の授業をまねる方法です。まねることを繰り返すことで、自分なりのスキルを身に付けていくのです。そして最後に、自分の授業を「見てもらう」ことです。見てもらうことは、自分の気が付かない点を知ることになります。

　かつて勤務した学校で、同じ学年に教職４年目のＴ先生がいました。この先生はいつでも自信たっぷりですが、他の先生からのアドバイスを受け付けません。自分の流儀こそが最高の授業だと譲りません。そして先輩教師からの評判はよくありませんでした。

　わたしは校長として、Ｔ先生はまだ若いから必ず変わると信じていました。そのために、私の好きな算数の授業を見続けました。そして、夕方にはＴ先生と反省会を続けました。

　反省会でＴ先生に必ず聞くことは「子どもたちは理解しましたか？」です。そうすると、いつも自分の考えをとうとうと述べます。これでは変わりません。そこで、ある時、彼に言いました。「先生のクラスで授業をやっていいですか？」と。

　私の授業後、Ｔ先生と反省会をしました。「私の授業で何か気付くことはありましたか？」と。子供を主役にする授業とはどういうことかを考えてほしかったのです。Ｔ先生は子供から学ぶということも、少しず

つ学んでいきました。彼は、今は教師生活30年になりますが、いまだにそのことを大事に授業に望んでいると聞きました。

● 目標を持って実践すること

　学校で行う全ての活動には、教育的な意義があります。ただ何となく行っているという活動は、ただの一つもないのです。だからこそ、目標を持たなければならないのです。目標があれば手だてが生まれます。この手だてこそが、目標達成のための手段なのです。学級経営では、どんな学級にしたいかという目標を立て、そのために日々どんなことに取り組んだらよいかという手だてを考えるものです。

　授業ではこの単元で、この１時間で何を教えるのか、何を分からせたいのか、目標を立てていきます。そして、目標を達成するためには、どんな学習過程を構成して、どんな活動を取り入れるのかという手だてを講じることが大切です。

　生徒指導では、子供たち一人ひとりの変容目標を立てて、面談や面接の折に伝え、日々の支援の資料としていきます。そして、変化の記録をとっておくことにより、事実に基づいた指導を行うことができます。また、その記録は通知表の所見の記載の際にも、大いに役立つものになります。

　日本の将来を担う子供たちの学力向上と豊かな人間性を育てるために、指導力のある教師をめざして謙虚に学び、実践を積み重ねていきましょう。

32 指導教員は初任者に何を期待してる？

授業力は教師の生命線

□ 先輩教師の授業をまねることから始めよう。
□ 教室内の学習ルールをきちんと決めよう。
□ 子供との遊びも大事、でも授業で勝負しよう。

● 初任者、頑張れ

　退職の日まで初任者の指導教員として、命を削りながら若い教師に向き合ってこられた先生がいます。担任時代からいつも子供が輝く授業を展開され、理想の授業を追求する姿勢が素晴らしい先生です。そんな先生からのメッセージをお伝えしましょう。

　授業力は教師の生命線です。子供は授業でしか変えられないのです。子供は「分かるようになった」「できるようになった」と実感できることで、教師を信頼するようになるものです。その信頼が児童の学ぶ意欲を育てることになり、学力向上にも生徒指導にもつながるのです。子供との信頼が保護者にも伝わり、やがては地域の人々にも広がっていきます。「あの先生のクラスになると、できるようになる」と。

● 素直に学んだ初任者だけが伸びる

　授業力が付くか付かないかの差は、初任のときからの学ぶ姿勢と初任者指導を素直に受けるかどうかで決まってくるものです。8年間で22人の初任者に携わりました。その中で、初任者にもかかわらず、1年間の指導が終わる頃には、何年も経験した教師でもかなわない授業実践をする人が何人かいました。その人たちの学んで実践する姿には、いくつかの共通点がありました。その共通点を基に、初任者教員に望む授業について考えてみました。

その1　指導過程の分かる授業……先輩教師の授業をまねる

　子供が学び取る手順が分かる授業を行うことが大事です。そのためには、1時間の授業の流れが明確になる指導過程を確立しなければなりません。流れが分かれば、子供は今、自分は何をしなければならないかが分かり、自ら学ぶことができるようになります。

　指導過程は指導書を見れば分かります。しかし、指導書を見ただけで目の前の子供たちに合った授業ができるわけではありません。授業はそんなに甘くはありません。一番の早道は、先輩教師の授業を参観させてもらうことです。しかも達人と言われる教師の授業を見ることです。そして、先輩教師の授業をまねて、実践してみて、その後、まねたものに自分流のアレンジをして、自分の授業をつくり上げるのです。身近に目標とする教師を見つけて指導を受けるのも一つの方法です。

　子供たちが学ぶ手順を身に付ければ、しめたものです。他のことに気をとられずに授業に集中できる、学ぶ意欲のある子供が育つのです。学ぶ意欲のあるクラスは、決して荒れることがないことも付け加えておきたいことです。

その2　学ぶ目標が明確な授業……目標を明確にした指導略案を書く

　（その1）が確立できたら、次に目指すのは1時間の授業目標が分かる授業を行うことです。私が初任者へ求めたのは、目標を明示した指導略案を書くことです。指導日の授業の中から1教科を選び、指導目標を書き入れた上で、指導過程に沿った具体的な活動を記入した指導略案を提出してもらいました。その略案を初任者と2人で検討し、修正して授業に臨んでもらいました。

　その実践を積み重ねたことで、授業力が付いていったように思います。授業力を付けた初任者の指導略案ノートは、1年間でB5の大学ノート5冊にも及びました。指導過程がきちんと確立し、明確に学ぶ目標が分かる授業実践を積んだ初任者のクラスは、児童が生き生きと活動しています。そして、教師の指示を待つことなく、自ら行動できる集団になっていったのです。

その3　学習ルールの確立された授業……学ぶ場にふさわしいルールを決める

　授業は学ぶ場です。どの子供にも「分かった」「できるようになった」と満足感を持たせることが大事です。そのためには、どの子供にも活躍の場を与えることが望ましいのです。数人の子供が活発に発表して活躍するだけでは、学級としての学ぶ場にはなりません。「はい、はい」と挙手をして数人の子供が発言し、「同じです」「いいです」と他の子供が反応している授業。一見活発で全員が参加しているように見えるかもしれません。しかし、「同じです」「いいです」と反応している子供は、本当にそう思っているのでしょうか？　教師はすぐに挙手をした子供に飛びついていないでしょうか。

　子供が考える時間、発言する時間、反論や質問をする時間を適切に取れるようにする、教師側の意識のルール化が必要だと思います。子供の発言の仕方や聞き方、反論や質問の仕方のルールが確立された授業には、全ての子供が活躍する場が生まれてくるのです。

授業でこそ、子供の心がつかめる

　子供とのコミュニケーションをとるうえで、「遊び」は何より有効な手段です。休み時間の子供たちを見ていると、リーダーシップを発揮する子、友達に慕われる子、周りに優しく声掛けをする子……と、授業中とは異なる子供の姿があり、子供を理解する上で大事なことが見えてきます。だからこそ、教師も遊びを大事にしなければなりません。

　しかし、ただ「遊んでくれる先生」になるだけでは、子供の心をつかむことはできません。最も大切な教師の仕事、それが授業なのです。

　学校は学びの場、子供に学力を付けることが教師の仕事です。だからこそ、授業力は教師の生命線です。授業力を付けるために日々研さんされることを願っています。

第3章 新任、でもプロの教師！

教師力スキルアップ編

初めての勤務校を学ぶ場にするには？

今後の教師生活の方向性をつくるもの

□先輩教師の動きを何でも見ておこう。
□遠慮せずに、何でも自分から聞いてみよう。
□初任の頃は誰でも悩む。周りに心を開こう。

● 初任時の不安は誰でも

　笑顔の子供がいます。不安で保護者に隠れる子供もいます。入学式へ向かう朝のほほえましい子供たちの姿です。

　教師としてスタートラインに立ち、希望に燃えて学校の門をくぐったあの日、子供を迎えるまでの数日間がとても長く感じました。目の前の学級名簿を見ても、頭に入りません。職員会議の内容もちんぷんかんぷんです。希望に燃えて選んだ職業なのに、精神的な疲れがどっと出る数日間になってしまいました。周りの教師は、みんな自信に満ちているように見えます。逃げ出したくなるような気持ちになります。でも、これは初任者の誰もが通ってきた道なのです。

　初任のあなたは一人で苦しんでいないですか？　子供を変えるには、まず教師自らが変わらなくてはいけません。問題が起きたとき、子供のせいや周りのせいにするのは簡単です。あなたも一度言われて変わることなどなかったはず。あなたは最初の初任校で、自分を教師として磨くことができたでしょうか。初任校でのたくさんの人たちとの出会いや子供との学びが、長い教師生活の今後をつくることになるのです。では、最初の学校で、あなたは何をすればいいのでしょうか？

● 何でも、見て盗め

　あなたは授業のことで、保護者との関係で悩んでいます。さあ、困った。先輩に聞こうとするが、忙しく働いているためなかなか聞けません。

私の経験を振り返っても、困ったときに先輩が後輩のところに教えに来てくれることは、まずありませんでした。ただし、先輩教師の多くは、「もし困ったり、悩んだりしたときは聞きに来なさい。いつでも教えます」というスタンスです。ただ、待っていてはだめです。

また、自分で何でもできると決め込んで周りを見ずにいると、後で失敗だったということもあります。だからこそ、学級経営や授業について、まず自分から動き、先輩の学級を見せてもらうことが重要なのです。

「自分の授業とどこがどう違うのか」「素材の提示はどうしているか」「子供の発言はどう扱っているか」「まとめはどうしているか」などの観点で授業を見るのです。また、「子供をリラックスさせる接し方をしているか」「子供の声をどう聴いているか」など、教師と子供との関係性も見ることが重要です。

大切なのは、明確な課題意識を持って見ることです。漠然とした見方では、何も学ぶことはできません。先輩たちの動きを注意して見ましょう。これをまず実践してみてください。

● 何でも聞いてみよう

納得できないことは必ず素直に問うことです。先輩教師に「こんなことを聞いたら失礼かな」などと気を回す必要はありません。もし、気になることがあったら、絶対に聞くべきです。そこには大切な知恵が隠れている場合があります。

誰もがやっている机間指導やノート指導の一つ一つに、確かな知恵があることに驚くこともあるでしょう。先輩は子供を見る明確な視点を持って、指導していることがよく分かります。

先輩の指導を見たことによって、あなたはいろいろと聞くことができます。そうした関係性をつくる中から、いつでも聞ける環境が育つのです。この繰り返しの中から、あなたらしい、自分なりの学級づくりや授業づくりができていくのだと思います。そして、それができるのはせいぜい教師になっての３年間です。だからこそ、最初の学校での体験が大事なのです。

● まねることば学ぶこと

あなたが先輩から学び、納得したことは、自分の学級でまねてみましょう。それでも、うまくいかないことのほうが多いかもしれません。でも、それでもいいのです。うまくいかない原因を考え、それを克服していくことで成長できるのです。困ったら、また先輩にぶつかればいいのです。この試行錯誤で、自分なりの「知恵」と「技術」が身に付いていきます。誰もが経験する最初の一歩です。

● あなたも職場の大切な一員

あなたが先輩や同僚から学んで、まねてやったことが、うまくいかなくても、きちんと報告すべきです。感謝の気持ちを持ちながら報告することは、良好なコミュニケーションを生みます。これから歩む長い教師生活の中で、人間としてもその幅を広げることにつながるはずです。あなたのその対応は、経験ある教師にも響き、さらにお互いを高めることになるのです。あなたも含めて、学校を支える大切な同僚です。

経験豊かな教師が、自分の持っている「知恵」と「技術」を後輩教師に伝え、あなたが新鮮な風を送りながら学ぶとき、共に成長できるのです。教育は花開く。初めての勤務校が、長い教師生活の方向性をつくっていくものになります。

● 先輩教師の体験談

今はベテランになった先生方に、教師になった1年間をどんな様子で過ごされたのかを聞いてみました。

A先生は43年間の教師生活を振り返りながら、こんな話をされました。

「初めて教師になった時、5年生の担任になりました。いやぁ、1年間緊張の連続でしたよ。何を知っていいのか。何を教えればいいのか。何も分からず……。もう一つ緊張したのは、私が小学校5・6年の時の担任の先生、いわゆる恩師が同じ学年の同僚になったことです。驚きですよね。何をやっても、その恩師が見ているんですよ。

救われたのは、毎週金曜日にある学年会でした。指導法や教材の見方や考え方を学年の先生方と検討し合うもので、全てにわたって勉強になりました。決して授業もうまくできたわけではありません。でも、一生懸命に教材に向き合いながら、子供たちとは楽しく生活し、寄り添うことができたのは、この学年会のおかげでした。これが原点になって、学年会の充実は教師生活の最後まで大事にしてきました」。

　B先生はこう話されました。

　「私は、講師経験を経てから教師になりました。臨時講師をしていた１年間で、教材研究やら何やら、ひと通りの勉強が終わっていたので、正規教員になったときには、何でもできるものと思って勤務を始めました。確かに最低限のことはできますが、困ったことは子供をどう理解するかということでした。講師時代に授業はしていても、学級担任としての経験がなかったからです。

　こんな時は怒っていいのだろうか。どう褒めればいいのだろうか。困ったときには、とにかく周りの先生に聞くことに徹した１年目でした。できたふりや分かったふりをしなくなったときに、子供の心が見え始めました。でも、教師生活が終わるまで、悩み続けてきましたね」。

34 職員室では情報交換をしてる？

職員室は学びの宝庫、交流の場

- □同僚、先輩教師に何でも相談してみよう。
- □成功体験、失敗体験をみんなで共有しよう。
- □学級づくり、授業改善のヒントを職員室で学ぼう。

● 日中は、先生は職員室にいない方がよい

「誰も寄り付かないんです。出退勤時と打ち合わせや会議のときだけ出入りし、普段は誰も席に座ることなく静まり返っています」と、Ａ先生は勤務する学校の職員室をこう語ります。「職員室へ行くと厳しい先輩教師や気むずかしい管理職がいるから、用事を済ませたらさっさと教室に戻ります」とＢ先生。こう言うと、読者の皆さんは、職員室に暗いイメージを持つかもしれません。

しかし、私は、放課後以外の職員室はこうあるべきと考えます。なぜなら、子供が学校にいる間は、子供のそばにいることが何より重要で、子供のそばにいるからこそ、見えることがたくさんあるからです。休み時間のたびに職員室に通うのは、緊急事態が発生しているときだけ。休み時間のたびに来る先生がいると、教頭先生が心配して「何かありましたか？子供たちは大丈夫ですか？」と声をかけるくらいが健全なのです。

● 子供が帰った後の職員室は交流の場

でも、子供が帰った後の職員室は、共に学び、共に悩み、共に希望を持つことのできる場になるはずです。大事な交流の場となるのです。目まぐるしいほど忙しい日々、一人で教室へ行き、周りの教師と会話もせずにただ帰るだけでは、何ともさびしい。

少しだけ肩の力を抜いて、お茶を飲んで、ゆったりすることはとても大事なことです。短い時間でも同僚や先輩教師と話すことで、新しい発

想や知恵が生まれることもあります。職員室での会話は、小さなことでも無駄になることはありません。

　分からないことを質問すれば、誰かが答えてくれます。相談すれば一緒に考えてくれます。クラスで困っている子供への対応、学習のこと、先輩教師は、何でもぶつけてほしいのです。

　残念ながら、若い教師たちの多くは、問題があっても一人で解決しようとしてしまいます。その結果、問題が複雑になっていくことが何度もありました。誰にでも失敗や間違いは起こります。だから、職員室は語りの場でありたいのです。

● 若きC先生の失敗が、職員全員の教訓に

> 　C先生は教師2年目で4年生の担任。2学期末、書初めの練習の時間のことです。終了時刻、S君が墨のついた筆を振ったため、Nさんの洋服をかなり汚してしまいました。ですが、C先生は、NさんにもS君にも、そのときは何も言いませんでした。ところが、Nさんが家庭に帰ってから、Nさんのお母さんから学校に電話が入ります。C先生は電話の向こうから怒鳴られてしまいました。
> 　5時半過ぎでそろそろ帰ろうかという時刻で、職員室には先生方が揃っていました。電話を終えたC先生に学年の先生や先輩の先生が諭すように言います。「先生、あなたがそのときNさんに声を掛け、S君をきちんと指導しなかったことが問題です。それでも保護者からお叱りを受けることもあるかもしれませんが、家庭に行くか、電話で今日の事情を話しておけば、違った結果になったはずです」と。

　この後、C先生は校長とともに家庭に伺いましたが、C先生が何の対応もしなかったことに怒った母親は、会ってくれようとさえしませんでした。ようやく出てきた母親は父親に電話をして、その電話を無言で校

長に渡しました。父親は電話の向こうから、校長を叱責しました。最後は「担任を変えろ！」で電話は切れてしまいました。
　C先生と校長が学校に戻ると、もう7時過ぎだというのに、大勢の教職員が残っていました。そう、心配していたのです。時間も時間でしたが、校長は、保護者対応の基本について、職員に話しました。
　話した後、「C先生どうですか？」と尋ねると「先生方、すみませんでした。忙しさにかまけて、こんなこと問題ないだろうと思ったことが間違いでした。きっと、まだ尾を引くかもしれませんが、これから丁寧に対応していきます。そして、先生方に相談します」。
　これ以後、C先生はクラスの様子を職員室で同僚や先輩教師に語るようになりました。失敗から学ぶことができたのです。
　このことをきっかけに、他の教師にも変化が起きました。まず、各担任がこれまで以上に子供に寄り添うようになりました。そのことがまた職員室の話題になりました。小さな変化を見逃さない関わりが増えました。職員室で顔を合わせて、相談しながら議論することが重要であることを、若い教師から実践的に学んだのです。

●「学びの宝物」を探すのは、あなた自身

　「きょうの授業は1時間で学習のまとめまで進みませんでした。先生のクラスはどうでしたか？」
　「算数の授業で、Mさんはユニークな考えを出して授業を盛り上げてくれました」
　「N君は、夜遅くまでゲームをしているのか、毎日遅刻です。今日も」
　「授業中、K君が席から立って歩き回ったり、教室から出て行ってしまったりしています。どうすればいいでしょうね」
　上記は、その後の職員室で交わされた会話の一例です。
　職員室は教師同士がお互いの悩みを相談したり、解決したりすることによって、学習指導や学級経営をさらに高め合うことができる場所になります。相談すれば一緒に考えてくれる。嬉しいことはみんなで喜び合える。ベテラン教師のやり方に感動したり、対抗して頑張ってみたり、

共に考え抜いたりと、情報であふれかえる部屋があるから、高め合っていくこともできるのです。

　ある意味、教師同士の交流が盛んで、ワイワイガヤガヤがいいのです。職員室をそんな温かい場所にしてこそ、子供も教師も生き生きと学び合うことができるのです。職員室は学びの宝庫ですが、宝物は待っていても見つかりません。自分から求めて探してこそ見つかるのです。それを探すのはみなさんです。

　教師の命は授業です。ですが、この授業力を上げるには、温かい学級づくりが関係します。温かい学級は、温かい教師集団によって育ちます。そこに集う教師が、職員室を本当の意味で温かい場所に変えるとき、子供たちも確かに成長していくのだと信じています。そして、温かさは、厳しさを持っていることも忘れてはなりません。

温かい職員室とは？

●**話してみよう授業のこと**
「道徳のDVD教材を使った授業は、やりやすかったですか？」
「国語の読解テストでこのように解答しているけど、丸にしてもよいと思いますか？」
「かぶと虫の幼虫を入れるとき、土の量はこのくらいでいいですか？」
「今日の授業は、子供が飛びついてきましたよ」

●**自慢してみよう子供たちのこと**
「体育のランキング種目、現在、県で5位にランクインしました！」
「3年3組の靴箱は、いつも靴の入れ方がきれいですね」
「あの○○さんが、児童会企画の遊びでチャンピオンになったわ」
「きょうは○○君が大きな声で発表できたんですよ」

●**相談してみよう困っていること**
「『うちの子がこの頃、泣いて学校に行きたくないと言います』と連絡帳に保護者が書いて持ってきました。どうしたらいいでしょう？」
「年休ってどんなとき取れますか？」

●**高めていこう仲間・自分のこと**
「美術展の招待券があります。どなたか行きますか？」
「○○マラソンに、学年のみんなで参加しようか」
「この本はお薦めですよ」
「今日は、○○先生のお誕生日です。おめでとうございます！」

「チーム学校」で取り組むには？

専門スタッフとの連携・協力がカギ

□開かれた学校の意識を持とう。
□教師としての仕事（業務）を見直そう。
□専門家のアドバイスに耳を傾けよう。

●「チーム」で取り組むとは

「チーム○○」というのが流行りのように、どこでも聞くようになりました。確かに耳触りはいいのですが、本当はどういうことを指すのかよく分からないのが実情です。ただ、はっきり言えることがあります。チームで取り組むものすべては、個人の力量とチームワークによって成果が表れることに間違いありません。有名な選手を集め、年俸の高い野球チームがあります。それでも優勝できません。一方で、年俸が低くても、選手が高いモチベーションを持ち、監督との信頼関係を築き、フロントとの風通しのいい球団が活躍している姿を目にすることがあります。

● A校長とB校長の違い

年度初めの４月の職員会議で、A校長はこう話しました。
「本校は全校250人、12学級の小さな学校です。子供たちの名前が覚えやすいです。自分のクラスだけでなく、この学校全員の子供の担任であると考えてほしい。子供たちを成長させる意味から『チーム○小』として取り組んでいきたい。決して担任一人で抱え込まずに、助け合っていきましょう」と。

B校長は次のように言いました。
「今、チーム学校と言われることはご存じだと思います。確かに、問題が起きたときなど、助け合い、問題を共有することは大事ですが、それぞれの持ち場でそれぞれの力を発揮することだと理解してください。た

だし、助け合いがなれ合いになっては、決して子供を成長させることにはつながりません。学校があっての地域ではありません。地域あっての学校であることを忘れずに、共に手を取り合っていくことこそチームです」。

　この２人の校長先生のお話から、何が見えるでしょうか。一人ひとりの力を寄せ合って、チームとして取り組んでいきたいものです。チームとは成長するための組織でなければなりません。開かれた学校であることは、子供の成長にとっても、学校以外と接する機会の少ない教師にとっても重要なことです。このチームワークを育てるためには、普段から、相手を認める人間関係が大事になるのです。

● 学校が開かれるとは

　この10数年で学校を支えるボランティアの人たちも増えてきています。子供にとってありがたいことは、先生たちにとってもありがたいということになるのです。支援は、授業の中でも増えています。

> ●家庭科のミシン指導
> ミシンが得意な方が教えに来てくれます。ほとんど経験のない教師にとっては、本当に助け舟になっています。子供たちが教師以外の人との関わりの中で成長するのを見ることができて、子供の新たな面を発見することもあります。
> ●そろばん指導
> 「パチパチ先生」と呼んで指導を受けています。

　このほか、地域の伝統芸能の指導など、保護者や地域の人々が学校を支えてくれている例がたくさんあります。読書の読み聞かせも、多くの学校で実施しています。クラブ活動にも地域のお年寄りが関わっています。あなたの勤務する学校でもあるはずです。

　学校のことは教師だけですべてをやりきることが、難しい時代になっています。教員の仕事量も増えてきています。そうした中、学校を支え

るさまざまなボランティアの参加で、教師の仕事量も少しずつ軽減されてきているのです。これまでの完結型の学校から、地域の学校としての意味合いが強くなってきているとも言えます。

● 専門性を生かしたチーム体制を

本当に現在、学校は複雑化・多様化しています。課題も多く表れています。これに対応し、子供たちの豊かな学びを実現するため、教師が担っている業務（仕事）を見直し、専門スタッフが学校教育に参加して、教師と連携して課題解決にあたることのできる、「チームとしての学校」の体制づくりが必要と考えられてきたのです。

そのとき、学校はこれまでの業務を見直すことが大事です。それは教師であるあなた自身にも必要なことです。

● スクールカウンセラーやスクールソーシャルワーカーからの支援

いじめが社会問題化される中で、臨床心理士の資格を持つ「スクールカウンセラー」が学校に配属されるようになりました。専門的な知識を生かした援助によって、教師はどう対応することが子供の成長にとっていいのかを、きちんと考え、実践できるようになってきています。緊急時の対応、日常の対応、そして、保護者まで広げての相談体制が整い、教師が一人で悩むことが減ってきているのです。

ある教師は言います。「キレる子供がいて、教師を辞めようと何度も悩みました。そんな時、週１回、学校に来てくださるスクールカウンセラーの相談を受けてみました。これまでは学年の先生方に相談していたのですが、皆さん忙しいので、じっくり相談できませんでした。カウンセラーの先生の『ゆっくり、笑顔で』聴いてくださる相談の過程で、時間はかかりましたが、心にゆとりを持ってクラスの子供たちと向き合うことができるようになりました。自分でも変わってきていることが分かります。相談してよかった」と。

● 養護教諭や栄養教諭との結びつき

　健康診断や病気やけがの治療を中心としていた養護教諭の役割が、学級担任との連携が進み、子供の心身の成長に関わる仕事へと一層拡大してきました。養護教諭から保健室での子供の様子を聞いた担任は、新たな情報や視点を得て、子供や保護者への関わりを確かなものにしてきています。栄養教諭も同じです。専門性を生かした食育、食の指導に大いに関わってきています。

　１年生の担任になった教師３年目のＫ先生のクラスには、給食をほとんど食べない子供がいました。Ｋ先生は１学期は黙って見ていたのですが、２学期に入り、養護教諭と栄養教諭に相談して、時間のあるときは給食の時間についてもらうことにしました。まず、その子供と一緒に話をしながら、先生が美味しそうに食べることから始め、次第に少しずつ食べてくれたと報告がありました。Ｋ先生も、これまで教卓で食べていた給食を、毎日違う子供たちと一緒に食べるようになり、クラスが変わってきたと言います。

　中央教育審議会が2015年12月の答申で「チーム学校」を取り上げてきたことから、一段とこの取り組みが広がってきました。「いじめや不登校、特別支援教育、貧困など子供や家庭の多様な課題や、教員の多忙化への対応のために、これまで教員が中心となって担ってきた仕事を、専門スタッフや事務職員らと連携・分担して対応する体制」と位置付けています。「チーム学校」を進めることは、教師としての本来の業務（仕事）に打ち込めるということにつながります。

　そこで、ここで本来の仕事を整理しておきましょう。

　教育課程の編成、学年・学級経営、授業、授業の準備、補習授業、生徒指導、学校行事、進路指導、学習評価や成績処理です。これに全力で取り組めるよう、教員以外のスタッフの協力を得ながら、共に進めることが大事です。

ホウレンソウは職場の基本のキ
～「報・連・相」はコミュニケーション～

「子供が友達にいじめられて、学校に行きたくないと言っています。これまで何回かあったのに、担任からも、学校からも何にも連絡がありませんでした。もう学校には行かせません」。

ある朝、学校に保護者から電話が入りました。

I校長先生が怒り出しました。「親から連絡があったが、今までいじめがあったことを聞いてないぞ」と、担任を怒鳴りました。同じようなことが起きたとき、S校長先生は、担任に「教室で何かありましたか？」と聞きました。

何が２人の校長先生で違うのでしょうか。みなさんにもこれからきっとあります。I校長先生のような人だったら、「そんなに怒らなくてもいいのに」と思うかもしれません。反対にS校長先生だったら、「安心でいいな」と思うでしょうか。

ほんとうはS校長先生だって、感情にまかせて担任を叱責したいという気持ちがあったかもしれません。日ごろから職員には、何か問題があればきちんと報告、連絡をしなさいと伝えていたからです。でも、S校長は怒っても何も変わらないとの信念があったから、担任とはゆっくり話そうと考えたのです。

実はここでは、I校長先生のように、怒ったことが問題なのではありません。人との関係性が希薄になっていることが問題なのです。学校に限らず、どんなところでも問われ続けています。

若い教師には自主性が育っていないとか、協調性がないとか、いろいろ批判されることはあります。自分で決めて自分でやり遂げようとするとき、誰でも失敗することはあります。素晴らしい成果を上げることもあります。それらを共有することが「報・連・相」なのです。次に失敗しない。そうした取り組みが良いのだと考えることが大事です。コミュニケーションとして大事なのです。

学校も働き方改革の一環として、会議の軽減策が取られています。限られた時間の中ですべての話はできません。必要なことを必要なときに学年でもいい、管理職でもいい、相談や報告ができる体制づくりが必要です。管理職にとっては、所属職員を知る機会になります。若い教師にとっては、何事も不安の連続です。報告・相談は精神安定剤でもあるのです。自分を教師として育てる基本なのです。

「学級づくり」に役立つチェックシート

教師生活の一日を通して、いろいろな場面で自分自身を振り返り、立ち止まって考えるきっかけにしてください。

出勤前の準備

☐	時間に余裕をもって起床し、さわやかに目覚めた。
☐	しっかり朝食を取った。
☐	テレビ、新聞等でニュースを確認した。
☐	子供たちへの話題を収集した。
☐	身だしなみをチェックし、きちんとした服装をした。
☐	学校まで余裕をもって通勤した。

学校・職員室

☐	学区内・校内の子供たちに笑顔で挨拶し、声を掛けた。
☐	同僚・先輩の先生へ自分から挨拶した。
☐	校長先生の話をメモし、きょうの学校の動きを確認した。
☐	学年の先生と情報交換をした。

教 室

☐	教室内外に異常がないか確認した。
☐	机や椅子の配置を正し、整理整頓をした。
☐	入室する子供たちに笑顔で挨拶し、声を掛けた。

☐	子供たちの表情や声の調子に注意を向けた。
☐	前日、気になった子供の今朝の様子を確認した。

朝の会

☐	空席確認ではなく、子供一人ひとりの顔を見つめて出席を確認した。
☐	返事の仕方、顔色、声色から子供の健康状態を把握した。
☐	学級目標やきょうのめあてを子供と確認した。
☐	係からの連絡をきちんと伝えさせた。
☐	きょうの提出物を確認し、未提出の子供に適切に指導した。
☐	子供と一緒に元気良く、歌うことができた。

授業中

☐	授業で使う教材は、前日までに用意していた。
☐	チャイムと同時に授業を始めた。
☐	授業開始の挨拶を子供と一緒に元気良く行った。
☐	丁寧な言葉遣いをした。
☐	子供が不快になるような冗談や皮肉は言わなかった。
☐	どの子供にも発表の機会を与えた。
☐	答えられない子供がいても、すぐに次の子供を指名しなかった。
☐	子供が騒いでも、大声で怒鳴らなかった。
☐	学級目標を達成することを意識して、授業に取り組んだ。

☐	子供にじっくり考える時間を与えた。
☐	授業の終わりの挨拶を子供と一緒にきちんとした。

休み時間

☐	校庭などで子供と一緒に遊ぶことができた。
☐	子供同士のトラブルにすぐに対応することができた。
☐	子供を観察する中で、いじめなどの問題行動の兆候をつかんだ。
☐	子供の訴えにすぐに対応した。
☐	用便、うがい、手洗いなどの健康面の指導ができた。
☐	次の授業の準備を促した。

給　食

☐	給食係と一緒に効率よく準備、片付けができた。
☐	子供たちと一緒に会話を楽しみながら食事ができた。
☐	食事のマナーなどの指導ができた。
☐	子供たちの食欲から、健康状態を把握しようとした。
☐	アレルギーなど特別な配慮が必要な子供に対応できた。

掃　除

☐	掃除の分担場所を見回った。
☐	子供と一緒に掃除に取り組んだ。
☐	子供の活動を褒め、一人ひとりの活動を認めた。

帰りの会

☐	係や当番の活動が、ねらいに沿ったものになるよう促した。
☐	友達の「良いとこ見つけ」をした。
☐	子供たちときょうのめあての反省をした。
☐	明日の予定の確認、周知を図った。
☐	欠席者への連絡の確認をした。
☐	通学路の安全についての指導をした。
☐	ゲームや歌など、楽しい活動を工夫した。
☐	「明日も学校に来るのが楽しみ！」という気持ちを持たせることができた。
☐	「さようなら」の挨拶をきちんとできた。

放課後

☐	「帰りの会」が終わったら、すぐ帰るよう指導した。
☐	きょうの子供たちの様子についてメモし、記録を残した。
☐	保護者に必要な連絡をした。
☐	校長や学年主任に報告・連絡・相談すべきことに漏れはない。
☐	必要に応じて養護教諭や栄養教諭に連絡・相談した。
☐	先輩教師と情報交換をした。
☐	事務的な仕事は期日までに片付けた。
☐	教室環境を見直し、改善を図った。
☐	いわゆる「置き勉」が、自分の学級はどうなっているか把握した。

退勤前

☐	帰宅前に再度、教室の見回りをした。
☐	教室や職員室の机上は整理整頓した。
☐	同僚や先輩教師にきちんと挨拶をした。

地域・保護者との連携

☐	子供たちの家庭の状況を把握している。
☐	地域の人や保護者からの情報に耳を傾けている。
☐	必要に応じて、地域の行事に参加している。
☐	保護者には学級通信などを通じて、学級の様子を伝えている。

一日を通して

☐	学校（学級）は楽しい。
☐	優しさと厳しさを持ち合わせた指導をした。
☐	発生したトラブルに対して、自分一人で抱え込んでいない。
☐	学級集団をきちんと動かすことができた。
☐	今大事なことは何かを考えて、仕事に打ち込んだ。
☐	子供と一緒に楽しく遊んだ。
☐	子供の活動に対し、お礼とねぎらいの言葉を掛けた。
☐	子供の声を真剣に聴いた。「あとでね」は言わなかった。
☐	どの子供にも公平に接した。
☐	一人ひとりの子供の良さに目を向けた。
☐	学級全員と一度は会話した。

監修者紹介

河原田　友之（かわらだ　ともゆき）東京教育研究所　主任研究員

1952年、福島県生まれ。大学卒業後、千葉県の公立小学校で37年間勤務。その間、千葉県東葛飾教育事務所、鎌ヶ谷市教育委員会の指導主事及び指導課長・学務課長として10年間勤務。現職時代は、自主的サークル「算数・数学同好会」で学ぶ。管理職時代は若手教師を中心に教材研究や授業の在り方を学ぶ「算数を語る会」を組織。退職後、東京教育研究所の主任研究員として勤務。モットーは「誰にでも最初がある」。若い教師を育てることを信条としている。

※本書は東京教育研究所の報告書『若い教師のための授業改善ヒント集』（小学校編　第1集～第5集　2014年～2018年）および月刊『教員養成セミナー』（2017年9月号～2018年9月号　時事通信社）の連載「学級経営のキホンのキ」をもとに加筆・編集したものです。

わかば先生サポートBOOKS

新任教師の学級づくり35のヒケツ

2019年2月27日　初版発行	監修者	河原田　友之（東京教育研究所　主任研究員）
	発行者	松永　努
	発行所	株式会社時事通信出版局
	発　売	株式会社時事通信社
		〒104-8178　東京都中央区銀座5-15-8
		電話 03(5565)2155　http://book.jiji.com

装丁／大﨑　奏矢　　DTP・イラスト制作／熊アート
印刷・製本／株式会社太平印刷社
ⓒ 2019　KAWARADA,tomoyuki
ISBN978-4-7887-1604-9　Printed in Japan
落丁・乱丁はお取り替えいたします。定価はカバーに表示してあります。
★本書のご感想をお寄せください。宛先は mbook@book.jiji.com

時事通信社の本

わかば先生 サポートBOOKS

＊宿題はなぜ必要？
＊子供に間違いを指摘されたら？

**教師は授業で勝負する！
先輩教師の知恵と工夫に学べ!!**

●監修／河原田 友之（東京教育研究所）
●A5判 160頁 ●定価：本体1,800円＋税